Aimée Bard

Ils étaient d'un autre temps

Collection

Témoins d'une époque

Editions Dolmazon

Cette présente édition
a été strictement limitée
à 3050 exemplaires
dont
50 exemplaires reliés pleine toile
numérotés de 1 à 50,
5 exemplaires reliés pleine toile
hors commerce numérotés de H.C.I à H.C.V
et 3000 exemplaires brochés.

© Editions Dolmazon
07160 Le Cheylard
N° ISBN 2-911584-10-4
N° EAN 9782911584107

À Jocelyne et Laurent.

À mes petits-enfants.

AVERTISSEMENT

Les mots patois, en *italique* dans le texte, ont été écrits sans recherche d'une quelconque normalisation. Au plus près, simplement, de la façon dont les percevait la petite Renée des Garnes. Ceci, bien sûr, dans la mesure où notre langue permet d'en écrire les sonorités. Un petit lexique groupe, en bas de page (ou en fin de chapitre) ceux dont le sens pourrait rester obscur.

PRÉFACE

Il y a un mot que les brillants esprits parisiens détestent : passéiste.
Un auteur ne doit pas se complaire à raconter le passé, à lui trouver tous les charmes, à mépriser le présent.

«Ils étaient d'un autre temps» est sans doute teinté de passéisme, mais j'ai lu ces pages sans retenue, sans crainte de m'empoisonner l'esprit, avec un plaisir extrême, comme si Peau d'Âne m'était conté.

J'ai respiré à pleins poumons l'odeur des foins secs, de l'école d'autrefois, du patois de l'Ardèche au beurre, si proche du mien, celui de l'Auvergne aux couteaux. J'en ressors enrichi de mille souvenirs qui dormaient en moi et qu'Aimée Bard a réveillés. Sa mémoire est infaillible, chargée de détails minutieusement observés et racontés.

A cette lecture, on s'émerveillera, on se demandera comment nos grands-parents si démunis, sans pétrole, sans chimie, sans moteur, ont pu faire pour vivre plus heureux, sûrement, que nous...

Avec mes amitiés

Jean Anglade

Ce sont hommes et femmes qui ont fait front aux décrets de l'Eternel, sans histoires, avec cette simplicité des vrais courages.

Jean GIONO

AVANT-PROPOS

Je suis «la Renée» des Garnes. La fille de «l'Eva» et «du Firmin». Autant vous habituer tout de suite, c'est ainsi que l'on se désigne chez nous : par le prénom précédé de l'article qui convient... J'ai partagé la vie des gens d'ici, le temps de ma jeunesse, puis je suis partie. J'ai un peu oublié... Jusqu'à ce jour...

Trois août 1994. Au détour d'une conversation, ces quelques mots : «Je me demande parfois si la vie de mes grands-parents n'était pas plus réussie». Des mots tombés de la bouche de mon fils... Je sais qu'il y avait tout un contexte à sa phrase. Qu'il me pardonne, je l'ai aussitôt oublié... Une seule chose comptait : il avait été renvoyé à des repères, à des êtres tout simples qui vécurent autrement, à ses ancêtres, humbles paysans sur cette terre du Plateau, il n'y a pas si longtemps de cela... Cinquante ans à peine !

J'ai senti une sorte d'oppression monter en moi. Les voix se sont brouillées. Une larme s'est installée sur mon œil. Elle est restée étale un long moment. Il fallait l'empêcher de couler. J'ai fixé mon regard, au loin, droit devant moi, sans bouger. Tout était trouble... Et cependant, peu à peu, c'était comme si une zone s'éclaircissait. Elle devenait lumineuse. J'ai vu mes deux parents, ensemble, côte à côte, «le Firmin» et «l'Eva». Ils étaient là, devant moi !

Elle avait posé, pour un instant, ses deux cruches sur le sentier herbeux. Son tablier de devant en toile bleue légèrement relevé par un coin, les mains appuyées sur les hanches, elle me regardait, bien en face. «Je savais, moi, qu'il était un brave petit !» a-t-elle murmuré. Et dans ses yeux est passé comme un sourire, à la fois plein de reconnaissance et d'espoir.

Lui ne s'arrêtait pas aux problèmes existentiels. Il scrutait sereinement le ciel, pour découvrir le temps du lendemain, ce temps qui pouvait mûrir un seigle ou le saccager aussi bien, en quelques instants. «Il pleuvra sans doute demain» a-t-il simplement dit et après un silence : «Après un temps vient toujours l'autre».

A cet instant, s'est imposé à moi le désir, ou peut-être même le besoin de coucher sur le papier, un peu de leur vie -un peu de la mienne aussi-. Pour les ramener un moment parmi nous. Pour les regarder vivre encore une fois au quotidien. Pour permettre à leurs petits-enfants et à leurs arrière-petits-enfants de les connaître mieux et d'apprendre à les aimer... Quant à nous, en lisant leur histoire, ce sera un peu comme si nous marquions une pause sur notre route : le temps de jeter un regard en arrière. Non pas pour nous offrir un brin de nostalgie, non pas pour regretter le passé... Simplement pour comprendre un peu mieux la vie avant de repartir vers demain.

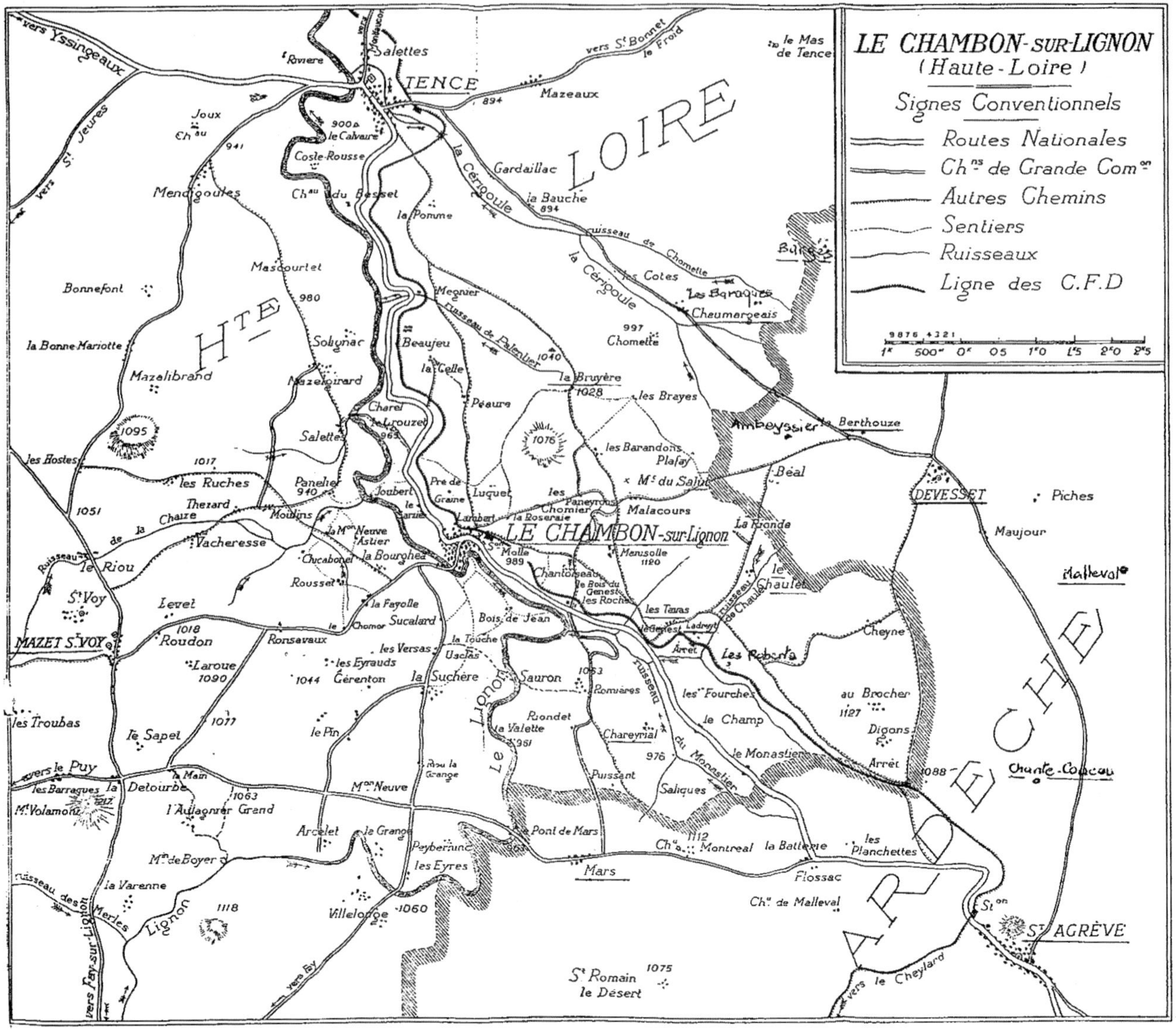

Carte tirée du livret-guide du Syndicat d'Initiative du Chambon-sur-Lignon

(Edition de 1930)

MON PETIT DOIGT M'A DIT...

1

Ils naquirent avec le siècle

Il est un âge dans la vie, à partir duquel on ne cache plus son âge. Au contraire, on l'annonce avec orgueil. Quand elle l'eut atteint, l'Eva disait parfois : «C'est que moi, je suis de l'autre siècle !». L'état civil lui donne raison : née le 4 décembre 1899. En fait, elle n'avait pas encore un mois quand arriva le premier janvier 1900. Le Firmin, lui, vit le jour le 25 novembre de l'année suivante. C'est ainsi que l'on peut dire qu'ils sont nés avec le siècle.

L'Eva posa son premier regard sur le monde dans une ferme du hameau de Chante-Cocu, devenu depuis Chante-Coucou (un nom très champêtre et qui dérange moins !), non loin de Saint-Agrève. Pour le Firmin, ce fut à Malleval, un hameau de la commune de Devesset.

Mais ils vécurent un temps relativement court sur le lieu de leur naissance. Leurs parents, comme tous les fermiers à cette époque, n'hésitaient pas à déménager lorsqu'une ferme mieux adaptée à leurs besoins se libérait.

Le vingt-cinq mars, à *Nostrà Damà*, date des fins de baux ruraux, se produisaient ainsi, chaque année, un certain nombre de déménagements. Tous les voisins prêtaient main forte. Le petit matériel d'équipement et le peu de mobilier ainsi que le petit bétail étaient alors chargés sur des charrettes et des tombereaux tirés par des *boueïres*. Les vaches et les chèvres suivaient, attachées à l'arrière. Fort heureusement *la fenèïre* était déjà bien entamée puisqu'elle était prévue pour nourrir les troupeaux jusqu'en mai. Peu de foin restait à déménager. On jetait un dernier regard aux seigles qui commençaient à verdir après la dernière neige. Selon la règle établie dans les baux de fermage, on viendrait les moissonner l'été suivant. On emporterait le grain et on laisserait la paille pour celui qui aurait pris le relais.

Chacun de son côté, avec sa famille, puis plus tard ensemble, l'Eva et le Firmin habiteront à Barges près de Chaumargeais, à La Berthouze, à La Bruyère, puis aux Garnes. Des errances effectuées, toutes, dans un mouchoir de poche. *Sortis,* selon l'expression d'ici, de cette région du Plateau... ils ne la quitteront jamais.

Leur monde s'arrêtera à cet ensemble de petits bourgs au milieu de la verdure, avec toujours leur temple et souvent leur clocher : Saint-Agrève, Le Chambon-sur-Lignon, Mars, Devesset, Le Mazet-Saint-Voy. Sous leurs yeux, par les échappées entre les bois de pins, s'étaleront toujours ces vastes horizons qui ne s'arrêtent qu'aux croupes déjà lointaines du Mézenc, Meygal et Lisieux. «Pas besoin ici de lever la tête pour voir le ciel, comme dans les Boutières !» diront-ils parfois, avec une certaine ironie, face à leurs voisins *raïols.* En effet, seules les forêts arrêtent çà et là le regard. Elles arrêtent aussi, et on leur voue pour cela une grande reconnaissance, l'élan de la bise et de la *burle* en hiver. Alors qu'un peu plus loin, en direction du Mézenc, ces dernières se déchaînent à leur guise, sur les riches herbages des terres volcaniques.

Déjà, les parents du Firmin et de l'Eva s'étaient échinés sur cette terre granitique du Plateau. Cette pauvre terre ingrate. Avant eux, leurs parents et les parents de leurs parents en avaient fait de même... Le Firmin et l'Eva, à leur tour, se devaient d'y travailler selon les habitudes de leurs ancêtres puis de léguer ces dernières à leurs enfants. Il en avait été toujours ainsi, de génération en génération... Depuis des siècles. Cette chaîne semblait inscrite dans l'ordre des choses... Et pourtant... Ils seront les derniers !

*Fenèïre : R*éserve de foin en grange.

*Bouèïre : A*ttelage de deux vaches.

*Raïol : H*abitant des Boutières.

*Burle : T*empête de neige avec vent violent du nord.

2

Enfance

De leur enfance, de leur adolescence, je ne sais que peu de choses : ils étaient d'une époque où l'on ne se racontait pas. A leurs yeux, leur vie n'avait rien d'original. Autour d'eux, des existences se déroulaient, toutes à peu près semblables à la leur. Leurs parents avaient vécu sensiblement les mêmes difficultés, les mêmes joies. Et pour nous, leurs enfants, celles-ci formaient toujours l'essentiel de notre quotidien... Il y avait bien cependant quelques nuances entre notre jeunesse et la leur, mais nous n'en avions pas conscience. Seul le temps me les a, par la suite, rendues perceptibles.

L'école, ils la fréquentaient peu. Le travail de la ferme était prioritaire. C'était seulement quand les récoltes d'automne, pommes de terre, carottes, choux, étaient rentrées et que l'on avait *acréché,* qu'ils pouvaient s'y rendre. Et dès que les troupeaux retournaient aux champs, au printemps, ils quittaient les bancs de la classe pour redevenir bergers.

Il leur fallait abandonner totalement, à la porte de la petite école de hameau (La Berthouze pour lui, Chaumargeais pour elle), la langue quotidienne pratiquée à la maison, le patois, sous peine de punition. Et cela, pour une langue qui leur était étrangère, le français de l'école. L'Eva aimait apprendre... A douze ans, elle eut brillamment son Certificat d'Etudes... Et -c'est un peu difficile à croire- jusqu'en classe de troisième, je solliciterai souvent ses conseils pour mes devoirs de français !

Le Firmin eut, lui, tout jeune, une passion pour le travail de la terre. Pour celle-ci, il ne ménageait jamais sa peine. Il la travaillait avec confiance. Combien d'heures passées, tout au cours de sa vie, à la libérer du chiendent qui l'assiégeait ! Dès qu'il avait un moment, il s'en allait, un *puar* sur l'épaule, *igrameler* un peu comme il disait. C'était une vraie guerre qu'il livrait à cette plante ennemie, le *grame,* le chiendent si vous préférez. Gratter le sol pour découvrir les longues racines perverses, les extirper de la main les unes après les autres, les entasser en petits monticules épars, et enfin les brûler... Et toujours espérer qu'un jour, cette plante honnie serait vaincue et disparaîtrait à tout jamais de ces champs.

Il savait que la terre n'oubliait jamais les attentions que vous aviez pour elle. A un moment ou à un autre, toujours elle récompensait. Bien sûr, il y avait les aléas de la météo. L'on ne gagnait pas toujours contre les éléments, mais il luttait de son mieux. Et cette terre amie lui donnait de multiples joies, depuis la satisfaction du travail bien fait jusqu'au plaisir de voir naître et grandir plantes et animaux. Et parfois, comme une récompense inégalable, le bonheur d'une bonne récolte.

Mais ils étaient quatre enfants dans la famille. C'était beaucoup pour vivre sur l'exploitation de la ferme de la Berthouze. Alors chaque année, à partir de ses dix-huit ans, à la fin mai, il partait, la faux arrimée au cadre de la bicyclette. Il ficelait le marteau, l'enclume, le coffin et la pierre à aiguiser sur le porte-bagages. Et il s'en allait à *la loïa* d'Annonay, pour se louer pendant la saison des foins dans cette région. *La loïa...* Une vraie foire aux domestiques, où se côtoyaient patrons et valets !

Ces derniers s'alignaient sur la place. Les loueurs passaient de l'un à l'autre. Du regard, ils évaluaient la musculature et essayaient de lire, au fond des yeux, le dynamisme et les réserves d'énergie de chacun. Puis on topait, on faisait *la pàtcho* et l'accord était définitivement conclu.

Par ce simple geste chacun s'engageait totalement à respecter la tradition. Il n'y avait même pas à la formuler : tout le monde la connaissait. Aucun besoin de loi savante, ni de règlement complexe. Même pas de convention orale. Elle tenait en une courte phrase : «Le travail commanderait !»... On se lèverait à l'aube et on se coucherait à la nuit tombante. Si le soleil tapait trop dur, après-midi, on ferait une petite *paouse...* Et, on se reposerait en cas de pluie.

Le Firmin était un bon faucheur, il était souvent *meneur de colle.* C'est-à-dire qu'il partait en tête de la bande. Dans le champ, il donnait les premiers coups de faux. Lorsqu'il avait fait deux mètres environ, alors démarrait le second.. Puis deux mètres après, le troisième et ainsi de suite jusqu'au dernier. Ces dos courbés, alignés en biseau, oscillant au même rythme, avançaient alors avec une régularité de métronome. Et derrière eux, dans un parfum de miel et d'herbe humide, s'allongeaient les andains. Il y avait obligation pour tous les membres de *la colle* -cela se comprend aisément !- de travailler à la même vitesse. Le meneur avait ainsi beaucoup d'importance pour le patron : c'est lui qui imposait le rythme à l'équipe.

Un mois dans la région d'Annonay. Puis, la fauchaison achevée chez son patron, le Firmin s'en retournait sur le Plateau... Pour recommencer le même travail, dans les champs de son père. Tout était bien : il n'avait pas *fait faute* à sa famille. Le décalage des saisons entre la vallée et la montagne était parfait...

L'Eva, elle, pendant l'hiver, travaillait comme apprentie, chez une couturière, histoire de ne pas perdre son temps et de ramener un peu d'argent frais à la maison... Elle en ramènera aussi un certain savoir-faire. Et c'est ainsi qu'elle confectionnera, par la suite, presque tous les vêtements de la famille.

J'ai toujours vu la *Singer* trôner, dans l'embrasure de la fenêtre, à cet endroit précis de la cuisine, où la lumière était à son maximum... Combien de pièces posées, grâce à elle, pour consolider les fonds de pantalons usagés, les genoux déchirés. Combien de draps rapiécés ou *retournés,* prêts à une nouvelle vie ! Je revois les patrons dessinés, sur une feuille de journal, à la craie, ou parfois, avec un bout de charbon tiré de l'âtre. Ils attendaient là, pliés entre les pages d'un vieil «Echo de la mode», dépassant juste assez pour qu'un regard averti puisse les retrouver sans peine. Et la main caressait la roue, et les genoux montaient et descendaient en cadence, et le cliquetis s'accélérait...

Acrécher : Rentrer les animaux à l'étable où ils mangeraient à la crèche pendant toute la période hivernale.

Puar : Fourche à dents recourbées utilisée pour de multiples travaux.

Grame : Chiendent ; *Igrameler :* Détruire le chiendent

La pàtcho : Dans toute vente, ce moment précis où la main du vendeur frappe la main de l'acheteur, concluant ainsi de façon définitive les transactions.

Paouse : Moment de repos

Colle : Equipe de faucheurs ou de moissonneurs

Faire faute : Manquer.

3

Jeunesse rime toujours avec bonheur

Jeunesse rime toujours avec tendresse, avec plaisir, avec bonheur. Le Firmin et l'Eva, quand ils évoquaient le passé avec la Mariette et le Paul, ou n'importe lequel de leurs voisins se souvenaient toujours joyeusement de leurs vingt ans.

Il y avait d'abord les marchés et, mieux encore, les foires. De vraies fêtes, où se faisaient les rencontres entre jeunes. Foire du jour de l'an, foire du samedi. Marchés à Tence ou à Saint-Agrève. Plaisanteries, rires étouffés, taquineries diverses, et l'on se retrouvait finalement, au café de la place, autour d'un petit verre de liqueur. Ce *véïrou* que les garçons offraient aux filles, comme un gage de l'intérêt qu'ils leur portaient. Ces dernières ne s'y trompaient pas et se vantaient quelque peu des invitations dont elles étaient l'objet. Autrement dit, on comptait les *véïrous,* à chaque marché...

Je le sais ! Il en était toujours de même lorsqu'à mon tour, j'eus vingt ans ! Je vous rassure : les verres étaient petits et c'est une grenadine que je buvais parfois. Mais la coutume n'avait pas changé en une génération.

Dès que les moissons touchaient à leur fin, on évoquait la *vogue*. Avec ses flonflons, ses tirs et ses manèges, elle serait bientôt là. Le premier dimanche de septembre, à Tence. Nul ne la ratait. Mais il fallait respecter la règle : à cinq heures les filles devaient être à la maison. Il fallait mettre le troupeau en champ. Et pas question de dépasser l'heure, les mères n'oubliaient jamais le regard à la pendule !

Chaque dimanche après-midi, à la belle saison, on croisait par routes et chemins des bandes de jeunes gens s'en allant gaiement *à la fille*. Crânement installés sur leur vélo, actionnant la sonnette à tout venant, ils erraient de troupeau en troupeau, cherchant la compagnie des plus plaisantes bergères. Tout en zigzaguant entre les champs, ils supputaient leurs chances d'être, un jour, les préférés de telle ou telle : la Berthe, l'Evodie ou la Léa.

A l'approche du troupeau, ils se cachaient un moment, derrière les genêts ou les branches, histoire de savoir si une autre bande, déjà, les aurait devancés ? Mais, bien vite, le chien sentait leur présence, et se mettait à aboyer. Alors, deux doigts enfoncés dans la bouche, ils sifflaient plusieurs fois... C'était leur façon de s'annoncer.

Le protocole était respecté : ils pouvaient s'avancer vers les bergères, prêts à aider (paraît-il !) à garder les vaches.

Ils couchaient les vélos dans l'herbe. Ils sortaient une cigarette pour se donner une contenance. Le briquet passait de main en main. Parfois une main féminine le dérobait prestement, et c'était la course poursuite, la chute dans les herbes, la lutte délicieuse. Un baiser frôlait un bras ou une tempe : cela faisait partie du jeu. Les répliques se croisaient, les éclats de rire jaillissaient. Et les agaceries recommençaient, jusqu'au moment où il fallait *enclore,* rentrer le troupeau. Alors, dans le crépuscule, résonnaient les «Au revoir ! Peut-être à dimanche prochain !». Et certains serraient dans leur poche, comme un précieux souvenir, un mouchoir brodé dérobé en cachette.

Quand arrivait la période de Noël, c'était l'arbre de Noël au Temple de Devesset, à Tence et pourquoi pas ailleurs, si les dates étaient échelonnées. Chaque village faisait son «arbre de Noël». On s'y rendait à pied, en joyeuses équipes, sur les sentiers enneigés. On se battait à coups de boules de neige, on se bousculait hors de la trace et devant l'arbre de lumière, on chantait de bon cœur.

La distance qui séparait le Firmin et l'Eva était courte. Il n'y avait nul besoin, pour qu'ils se rencontrent, d'un grand coup de hasard. Ils se rencontrèrent donc. Et très vite, le Firmin se mit à *parler* (ici, on appelle cela ainsi !) à l'Eva. Ils se fréquentèrent longtemps, longtemps...

Puis, un jour, ils décidèrent de se marier...

Le Firmin se rendit, tout intimidé, à Barges, accompagné d'un voisin pour faire *les demandailles* aux parents. Il savait que le Zéphirin l'accueillerait avec un sourire bienveillant, mais il savait aussi que la mère de sa future, la Sophie, n'était pas très *commode*. Tant pis ! La tradition exigeait de lui cette visite délicate : il irait !

En fait, tout se passa bien. La Sophie fit simplement claquer ses sabots un peu plus fort sur le vieux *glacis*. Puis, penchée sur le feu, après avoir *fourgonné* les braises avec son pique-feu, elle fit *tintoler* un peu plus bruyamment les ronds du fourneau et les casseroles. Histoire de bien montrer que l'on ne *donne* pas sa fille, comme ça, à n'importe qui ! Mais le Firmin était vaillant, pas buveur et honnête. Elle le savait. Elle fit le café et on le but ensemble en parlant d'avenir.

Tout cela, je ne l'ai pas vécu. Vous l'avez compris : je n'étais pas encore née ! C'est mon petit doigt qui me l'a raconté, après avoir recollé, au fil des jours, les bribes de confidences lâchées par le Firmin et l'Eva, sur leur vie passée.

Par la suite, le Firmin et l'Eva se marièrent donc... Ils eurent des enfants et furent heureux, à leur manière. Tout en gagnant leur pain et celui de leur famille, à la sueur de leur front, dans une ferme de chez nous. C'est cela que je vais vous conter, car cela je l'ai vécu.

Vèïrou : Verre à liqueur (ou son contenu).

Parler : Conter fleurette.

Commode : Facile.

Glacis : dallage de pierres.

AINSI FUT LEUR FAMILLE, AINSI FUT LEUR MAISON

1

Et le foyer grandit...

Dehors, l'hiver bat son plein. Dans la grande cuisine de la ferme, on a *poussé le feu*. Le vieux fourneau de fonte ronfle sous l'immense manteau de la cheminée. Des jets de vapeur s'échappent de la bouillotte en cuivre... Chanson habituelle. Deux marmites au couvercle entr'ouvert bouillonnent doucement. De temps à autre, quelques gouttes projetées s'échappent et roulent, affolées, sur la fonte brûlante.

Dans le lit-placard, de l'autre côté de la pièce, juste en face du foyer rougeoyant, une femme gémit. La chaleur du foyer, amoindrie par la distance, l'atteint à peine. Mais la lumière, au gré de la danse des flammes, éclaire sa pâleur. La buée a opacifié les vitres de la fenêtre, comme pour protéger l'intimité des femmes réunies -il n'y a jamais d'homme présent, dans ces occasions, à la campagne !-. Toutes s'affairent auprès d'une grande bassine, à préparer des linges de toutes sortes.

Les gémissements se font plus intenses... Il est temps que la sage-femme arrive. Les regards se font inquiets : c'est qu'il se pourrait bien que l'une d'entre elles soit obligée de *recevoir l'enfant dans son tablier,* comme on dit ici !

Un instant plus tard, un cri ! Celui d'un enfant entrant dans le monde. Mon premier cri. Je viens de naître. Le 9 janvier 1936, plutôt le 8, peut-être même le 7, aujourd'hui plus personne ne sait exactement. Papa, comme tous les pères à l'époque chez nous, s'est rendu à la mairie, quand cela lui a été possible -pensez donc, avec l'hiver !- pour faire enregistrer ce petit bout de chair fragile. Sa fille.

Tous deux, le Firmin et l'Eva souhaitaient un garçon, mais ils savent mieux que personne que *l'on n'est pas maître*. Ils rajoutent simplement un «e» aux deux prénoms choisis par avance. Je m'appellerai Renée, Andrée. Et devant le désarroi de ma sœur qui trouve ces prénoms bien peu féminins, on concède Lucette en prime.

Devant l'écurie, une famille de chez nous

Dans le foyer, je n'arrivais pas la première. D'autres étaient venus, certains déjà s'en étaient allés. L'aînée, Irène, était maintenant une grande fille de huit ans passés. Elle était née à La Bruyère, un an après leur mariage, dans la ferme de leur début.

Un magnifique garçon n'avait pas eu le temps de recevoir son prénom. Dieu l'avait repris à peine arrivé. Dans la grosse bible, à la première page intitulée «Registre de famille», où sont inscrits les noms de tous les miens, accompagnés des dates de leur naissance et de leur mort, on écrivit simplement, parmi les arabesques du décor : Enfant mort né, sexe masculin, 1928.

Ce fut le désarroi. Il était parti trop tôt cet enfant. Ses quatre grands-parents étaient encore tous là ! Aucun lieu pour le repos éternel de la famille n'avait été prévu.

Les protestants, exclus des cimetières pendant longtemps, avaient souvent leur petit cimetière, tout près de leur maison. Parfois, ils enterraient tout simplement leurs morts dans un coin de leur jardin. Mais lorsque vos ancêtres n'avaient jamais possédé le moindre coin de terre ?... Heureusement, l'endroit où reposerait le corps du bébé n'avait qu'une importance relative pour le Firmin et pour l'Eva. Quel que soit le lieu, ils savaient que Dieu serait présent pour accueillir leur enfant ! C'était cela l'important. C'est à Lui qu'il le remettait. On creusa une petite fosse sur un coin de terre du hameau de Malleval, appartenant à un oncle.

L'année d'après, c'est Elise qui eut droit à son inscription dans le grand Livre. Elle était une belle petite fille rayonnante de joie de vivre. Mais à trois ans, elle attrapa une de ces méchantes maladies contre lesquelles on luttait bien mal à l'époque : une méningite. Les antibiotiques n'étaient pas encore en usage. L'Eva et le Firmin firent tout ce qui était en leur pouvoir, selon les conseils du médecin... C'est à dire bien peu de chose ! Ils l'entourèrent de toute leur affection et jusqu'au bout ils espérèrent...

Comment certains peuvent-ils croire à l'indifférence des paysans devant la mort de leurs enfants ? Ne me demandez pas de sourire à ces propos teintés d'humour, où l'on oppose leur hâte à appeler le vétérinaire pour la vache et leur peu d'empressement à faire appel au médecin pour l'un des leurs. Le regard de l'Eva perdue au fond de ses souvenirs me revient aussitôt.

La mort d'un enfant était, c'est vrai, chose tellement courante, qu'elle était acceptée comme une fatalité. «C'est un petit ange que Dieu a repris !» disait-elle dans ces cas-là. D'ailleurs, que pouvaient-ils faire d'autre ? Je sais qu'il y avait en leur cœur un très profond chagrin. Mais ils étaient dignes, ils se devaient de le contenir.

Trois générations de femmes

De cette année épouvantable où un cortège de séquelles s'abattit sur leur petite fille, alors que tous croyaient la maladie vaincue. De ces longs mois, où, impuissants, ils avaient vu leur enfant devenir presque aveugle et perdre vitalité et force, chaque jour, un peu plus. De tout cela, personne ne parlait jamais, à la maison. Cependant j'ai toujours su que le douloureux souvenir était là, tenace. Ils le taisaient, c'est tout ! Dieu avait voulu cela. Maintenant leur petite Lisette était en repos. Il fallait continuer....

Soigneusement enroulée dans un pot de faïence, sur l'immense cheminée, reposait une petite mèche de cheveux et, dans une boîte, sur une étagère de l'armoire, quelques effets de fillette. Quand, parfois, ayant soulevé le couvercle du pot pour l'essuyer, j'interrogeais maman du regard. «Faut pas toucher !» disait-elle aussitôt en détournant les yeux.

Tableau de famille

2

Le Zéphirin et la Sophie propriétaires

La ferme où je suis née est isolée dans la campagne... La route qui s'en va de Tence vers Saint-Agrève continue directe, sans faire le détour vers elle, comme si elle l'abandonnait à son sort, derrière son rideau de sapins. Il faut vouloir s'y rendre, quitter la route, virer à angle droit, s'enfoncer dans un large chemin...

De ce chemin en creux, je connais toutes les ornières qu'y formaient les roues cerclées de fer des tombereaux et des charrettes, les flaques après la pluie, le cliquetis des bandages métalliques sur quelques gros cailloux qui dépassaient. Je sais l'endroit où j'enjambais le ru qui tranquillement le traversait. Je vois sur ses bords, les traces des sabots des troupeaux imprimées sur la terre mouillée.

La bise de l'hiver siffle encore à mes oreilles, soulevant en tourbillon la neige poudreuse, la malmenant jusqu'à l'obliger à tout uniformiser et peu à peu anéantir ainsi ornières et chemin. Je sais toutes les sinuosités de la *tchala,* que feront, sur le talus de gauche, les premiers piétons, le lendemain, quand la *burle* aura cessé...

Il est toujours là, aujourd'hui, ce chemin, presque semblable, comme insensible au temps. Il est simplement devenu plus uni, plus régulier, presque villageois. Plus de charrettes, plus de troupeaux pour laisser leurs empreintes. Plus de boue : l'eau a été canalisée sous terre. Mais la petite fille du Firmin et de l'Eva qui demeure toujours au fond de moi, le trouve bien désert et bien silencieux.

Au bout du chemin, c'est la maison de mes grands-parents, notre maison. La Sophie et le Zéphirin, les parents de l'Eva, ont un jour, réalisé un rêve qui paraissait à tous impossible. Après avoir passé leur jeunesse *à maître* pour garder les vaches chez les autres, après avoir essuyé les critiques des patrons, ils sont devenus maîtres chez eux. La vie a été dure, il a fallu économiser un sou après l'autre. Mais la Sophie était opiniâtre et le Zéphirin travailleur infatigable. Alors que leurs forces commençaient à baisser, ils ont compté jusqu'au dernier sou de leurs économies. Et, sans aucun emprunt -on ne voulait devoir à personne !-, ils ont acheté cette maison.

Une maison en pierres de taille, faite pour durer des siècles, avec son toit de lauzes et ses superbes corbeaux de granit. Elle est là, plantée au milieu de leurs champs, symbole d'un défi.

Deux anciens, tels le Zéphirin et la Sophie

Ils ne l'exploiteront pas : le Zéphirin «partira» bien trop vite. Et c'est ainsi qu'elle deviendra bientôt la maison du Firmin et de l'Eva, la maison des Garnes. Ce sera d'abord la maison du malheur. A peine auront-ils quitté La Bruyère pour s'installer ici, leur petite Lisette quittera ce monde. Mais elle sera aussi la maison du bonheur. Bonheur tout simple d'une famille de travailleurs de la terre : ma famille.

Tchala : sentier tracé dans la neige.

A maître : loué chez un patron.

3

La ferme des Garnes

Elle a toujours belle allure la maison, à cent ans passés. Gravés dans la pierre du linteau, sur la façade, elle affiche fièrement sa date de naissance et le nom de celui qui la fit construire : AUte JONAC 1866 (Auguste Jonac). Elle est admirée pour ses pierres, témoins de l'adresse et du travail de vrais artistes tailleurs de pierres. Les touristes la convoitent et rêvent d'en faire une résidence secondaire où venir se ressourcer.

C'est la grand'mère Sophie qui doit être bien étonnée, si de son ciel, elle entend tous les commentaires ! Avec le Zéphirin, ils n'avaient pas pensé à tout ça. Ils avaient surtout vu le domaine, les champs à cultiver, bien groupés tout autour de la ferme... Ces champs qui aujourd'hui sont à l'abandon, avec juste quelques pins semés par le vent qui refuse le vide. Ces champs qui meurent peu à peu de mort naturelle, comme beaucoup d'autres aux alentours.

Elle n'a guère changé d'aspect, la bâtisse. Mais aujourd'hui, elle me semble posée là, comme un simple élément de décor de théâtre. Plus d'accessoires, plus d'acteurs. Où sont les poules picorant dans la cour ? Pourquoi le chien n'aboie-t-il pas ? Où le Firmin a-t-il rangé son tombereau ? Je n'aime pas le silence qui règne... Alors pour retrouver l'atmosphère de la ferme du Firmin et de l'Eva, je regarde au fond de ma mémoire. Elle y est conservée, intacte, pour toujours.

Voici les deux jardins : *l'hort d'en bas* et *l'hort de devant,* entourés de leurs murettes de pierres sèches, surmontées d'un rempart de fagots. Tout un travail pour décourager les poules vagabondes ! C'est qu'il aimait avoir un jardin net et propre, le Firmin. D'abord pour les légumes bien sûr. Et puis, qu'auraient dit les gens ?... Un jardin mal soigné, avec de pauvres légumes envahis par les mauvaises herbes, indique toujours un laisser-aller qui ne dit rien de bon.

Il n'oubliait jamais les fleurs. Une rangée de dalhias aux multiples couleurs coupait le *jardin de devant*, sur toute la longueur. Et dans celui du bas, klarkias, soucis et œillets de poète avaient leur place réservée. J'entends le bourdonnement des abeilles autour des petites pervenches bleues, sur le talus, au pied du vieux lilas. Je suis du regard le vol capricieux des piérides du chou. L'odeur du tilleul puis celle des bouquets jaunes de la tanaisie -«une plante pour soigner les vers, ma petite !» disait ma grand-mère- font frissonner ma narine.

La pioche est au repos, manche en l'air, à mi-raie. L'Eva vient de la poser après avoir arraché quelques plants de pommes de terre pour la purée de midi. Un vieux drap rapiécé sèche sur le fil.

Dans la cour, le tombereau, toujours prêt à l'emploi, attend les charrois du jour. Sous le grand cerisier dont les fruits atteindront à maturité la taille d'une groseille, voici le tas de litière ramenée du bois. Un bon mélange de mousse, de bruyère et de restes de fougères qui permettra une économie de paille tout en formant une couche moelleuse pour les vaches. Le chien dort au soleil, le museau sur les pattes, entouré de poules caquetantes. Ces dernières sont partout : perchées sur les souches entassées que l'on fendra l'hiver, à la porte de l'étable, sur la queue du tombereau et même jusque dans la cuisine...

Le tombereau prêt pour les charrois du jour

D'ailleurs, j'entends l'Eva qui s'agite. Elle va les chasser, c'est sûr. «Chitt ! Chitt !» En effet, elle sort vivement sur le pas de la porte, en agitant les deux bras. Les trois ou quatre téméraires qui venaient encore une fois d'entrer, franchissent en *s'évoulastriant,* la pierre du seuil. Et c'est une cacophonie de frottements d'ailes déployées et de caquètements apeurés. Le coq, qui picorait à deux pas, se redresse. Il secoue la tête et pousse son gloussement interrogateur. Toujours le même !

Cette fois, l'Eva en a assez, elle entre en tirant derrière elle, le *clidou* de bois, bleu charrette. D'une main énergique, elle met le crochet...

Je suis entrée avec elle.

La voici, la grande salle commune, qui fut le cadre familier de ma jeunesse. Sur tout un côté, l'immense manteau de la cheminée avec sa corniche bordée d'un papier à fleurs. Bien rangés sur son rebord, la série de pots de cuisine, avec en motif les petits lapins qui m'ont tant fascinée et qui continuent, aujourd'hui encore, de jouer à saute-moutons dans ma tête. D'adorables (oui, c'est ça, adorables, je les trouvais !) petits seaux en métal décoré, que l'Eva avait achetés pleins de confiture. Une paire d'un coup, tant elle avait été séduite ! Quelques boîtes. Un vase à fleurs. Et en bout, bien à portée de la main, le moulin à café en bois, sa poignée poussée contre le mur.

Au fond de la cheminée, l'âme de la maison, le fourneau de fonte au foyer sans porte, qui offre sa chaleur et sa lumière, quasi sans interruption...

Dans l'embrasure de la fenêtre, près du miroir ébréché, l'éphéméride «La bonne semence» avec son verset biblique pour chaque jour. Le calendrier des postes et toujours un ou deux tableaux cartonnés, avec une inscription biblique : «Ne crains point, crois seulement». Luc 2 : 50. «Quand je marche dans la vallée de l'ombre de la mort, je ne crains aucun mal, car Tu es avec moi». Ps 23... Versets immuables sur leur support un peu jauni.

Au plafond, de grosses solives carrées, brunies jour après jour par la fumée. Le grand pan de lard déjà bien entamé, les saucissons accrochés à leurs clous. Le large disque ranci du saindoux ébréché par le couteau, au bout de sa ficelle. Sur une claie suspendue juste sous le plafond, couchés sur la paille, les picodons s'égouttent. Tendez l'oreille... Ce discret «ploc» très assourdi... c'est une goutte de petit lait qui tombe de temps en temps. Sans hâte aucune, comme pour rythmer le temps de séchage. Elle ravive ainsi, sans se lasser, la petite auréole humide, sur le plancher, près de la table.

Tout autour de la pièce, les boiseries en bois naturel offrent leurs portes multiples. C'est *le cours,* notre mobilier tout intégré, en quelque sorte. Placard à linge, lit-placard (on dit parfois dans les fermes rénovées placard-lit... Je trouve cela presque normal puisque maintenant il est rarement lit et bien souvent placard), vaisseliers, garde-manger, placard à vaisselle... Et, discrètes, parmi toutes ces portes à deux battants, les portes d'accès au *cabinet* -c'est la chambre que l'on nomme ainsi !-, à l'étable et à la *cavette.*

Au centre de la pièce, la grande table ovale, à pieds moulurés, avec ses deux tiroirs immenses et profonds. Le Firmin savait, en les ouvrant, trouver à coup sûr le trésor que nécessitait son bricolage du moment. C'était son *fourbi*, un bric-à-brac familier de bouts de ficelle, de paires de tenailles, de quelques clous forgés, de vis diverses et de marteaux.

Cour de ferme

Non, ne cherchez pas, il n'y a pas d'évier. L'eau potable est dans les deux *bitcheïres*, sur leur *bantchou,* à l'endroit où commence le dallage de pierre autour de la cheminée. Exprès, pour éviter de mouiller le plancher.

L'eau chaude ? Vous ne l'entendez pas ? Elle chantonne tranquillement dans la bouillotte en cuivre du fourneau.

Deux magnifiques vaisseliers occupent tout un pan de la boiserie, découpés en losanges et triangles par des petits bois. Sur les étagères, quelques grands verres à pied. Et aussi des petits verres à *quina.* C'est qu'ici, toute personne de passage se voit offrir un *canon,* un café ou un *quina.* Et derrière un fil d'acier, les assiettes à carreaux jaunes qui ne sortent que pour *la tuaille* ou lors de la visite de l'oncle du Pin. Dans les grandes occasions, en somme !

Entre les deux vitrines, toujours impassible dans sa loge, la grande horloge rythme le temps. Son disque de cuivre, astiqué au Miror, va et vient dans son ovale de verre, accrochant à chaque passage, une parcelle de lumière entrée par la fenêtre... Soudain un «tac», plus sourd, plus fort, résonne et surprend ! C'est pour alerter l'oreille, un peu comme des guillemets ouverts sur une page avertissent l'œil. L'heure va égrener ses coups. L'Eva a tourné la tête vers le cadran. Moi aussi. «Onze heures, déjà !».

Nous échangeons un regard complice. «Il est environ onze heures moins le quart ! Chez nous, à la campagne, on déteste être en retard... Alors on donne toujours un peu d'avance aux pendules !». Cela nous le savons toutes les deux.

Hort : Jardin.

S'évoulastrier : S'envoler bruyamment.

Clidou : Barrière à claire-voie qui barre la porte.

Bitchèïres sur leur *bantchou :* Cruches sur leur petit banc.

4

Portraits

Un rien boulotte, avant de s'alléger avec l'âge. Plutôt petite. Toujours vaillante, pleine d'allant. Dans le regard, un je ne sais quoi de volontaire, qui en impose, sous les cheveux gris -ils étaient déjà gris à ma naissance-. Telle est l'Eva.

J'ai beau chercher dans ma mémoire, je la vois toujours de noir vêtue, avec parfois, çà et là, quelques touches de gris ou de mauve : couleurs du demi-deuil. Elles sont si longues, les périodes de deuil : un an de grand deuil en noir, suivies de six mois de demi-deuil, pour tout décès d'un proche. Et elle a eu tant de morts autour d'elle, l'Eva !

Pensez donc, il y a eu les morts normales, c'est-à-dire le départ de ceux qui *avaient fait leur temps* sur la terre. Les parents âgés. Mais il y a eu aussi celle de son frère, mort à vingt trois ans, au retour du long service militaire, son fusil chargé de poudre ayant explosé. Celle de sa sœur emmenée à trente-quatre ans par une embolie, après une opération. Et puis son bébé. Et puis sa petite Lisette, dont je vous ai parlé...

Et c'est ainsi qu'elle n'arrive même plus à s'imaginer en vêtements clairs. D'ailleurs, il doit en être de même pour beaucoup de femmes autour d'elle. Regardez, dans les champs, ces silhouettes sombres qui ratellent, qui sarclent, qui déambulent courbées sous un faix. On dirait qu'elles portent toutes le deuil de quelqu'un.

Mais dans ses vêtements aux couleurs foncées, l'Eva apparaît toujours sereine, souvent gaie. Simplement dans les moments agréables, on perçoit parfois un brin de réticence -comme une envie de rester en retrait-. «Tel qui rit vendredi, dimanche pleurera», aime-t-elle à dire. Son visage alors s'assombrit quelque peu. Tout bonheur n'est-il pas, sur terre, présage de malheur ? «L'on est trop heureux, disait ma grand'mère, ça devine quelque chose». L'Eva pense qu'il y a un peu de vrai, dans cette maxime.

Son existence n'est pas vraiment facile. Je crois qu'il lui arrive parfois, dans les moments de fatigue, d'imaginer une autre vie qu'elle aurait pu mener. Sans ces *carcans* de bouse sèche qui frôlent les cheveux, à chaque traite. Sans ces cruches à transporter qui martyrisent les bras. Une autre vie, «sans toujours courir derrière le cul des vaches», selon son expression.

Mais cela ne dure jamais bien longtemps. Sa place est ici, auprès du Firmin. Ils *s'accordent* si bien. Elle n'est pas de ceux qui croient que «ailleurs, l'herbe est plus verte». Et puis, tel est son destin, c'est celui que Dieu lui a réservé. Que la volonté de Dieu soit faite !

Sa foi ardente éclaire chaque instant de son existence. Elle la soutient quand s'acharnent les mauvais coups du sort : la récolte que la grêle anéantit, la maladie, la mort de ceux qu'elle aime. Sur cette terre, souvent nommée *Vallée des larmes,* la vie pour elle n'est qu'un simple passage... A l'autre bout se trouve le *port* !

Pas de passivité pour autant. Non. Appuyée sur le roc de Celui qui dirige sa vie, elle fait face aux événements. Elle résiste. On le lui a souvent répété : «Résister», ses ancêtres protestantes emprisonnées à la Tour de Constance d'Aigues-Mortes ont gravé ce mot de leurs ongles, sur la pierre. Peut-être pour être sûres de ne pas l'oublier un seul instant... Malgré les murs épais, malgré les souffrances, malgré les vexations. Et jamais elles n'ont renoncé... Elle non plus ne renonce pas, elle tient ferme malgré les cahots du chemin, malgré les lourds *seilhards de bargaille,* malgré la fatigue qui l'écrase... Sans une plainte... Elle fredonne simplement de sa voix quelque peu éraillée :

«Il est un roc séculaire
Que Dieu pour mon cœur lassé
Comme un abri tutélaire
Au sein des flots a placé.

Mon rocher, ma forteresse,
Mon asile protecteur
Mon recours dans la détresse :
C'est Jésus, le Rédempteur».

Chaque matin, avant de sauter du lit-placard, les mains jointes, elle remet à mi-voix la journée qui s'annonce à son Seigneur et Maître. Elle demande son aide, pour tout ce qu'elle aura à assumer. Et le soir, quelle que soit sa fatigue, elle n'oublie jamais de le remercier pour «toutes choses» et d'implorer son pardon pour les manquements qu'elle aurait pu commettre. Son Seigneur est un ami tout proche, à qui elle confie ses peines et ses joies, ses inquiétudes et ses regrets. Elle est en dialogue presque permanent, avec lui... Oui, c'est cela : dialogue est le mot juste !

Le dimanche, elle ne peut aller au culte. Le temple du Chambon est bien trop loin ! Mais ce n'est pas trop grave, il y a parfois des réunions de quartier : à Ladreyt, à Mathieu-Royer, à La Bâtie. Organisées par le Temple ou par l'Armée du Salut, cela n'a pas d'importance pour elle : elle n'en rate aucune !

Voilà sa religion : non pas un ensemble de rites qui vous gagnent le paradis, mais une ligne de vie, à travers les embûches quotidiennes. Un chemin qui se trace, jour après jour, le plus droit possible, dans la confiance.

Le Firmin, lui, est un homme de la nature, dont les racines plongent dans la vie de la terre. Il vit de concert avec celle-ci, toujours à son rythme, de saison en saison. Il s'extasie de ses réussites. Il souffre quand le gel la blesse, quand la sécheresse l'assoiffe, quand la pluie la noie. Il partage son attente après les semailles, jusqu'au moment où le blé lève.

Je le vois, parcourant ses champs, le dimanche. Il hume l'air parfumé des foins, à pleins poumons. Il avale l'étendue des blés environnants, à pleins regards. Ici, il se penche pour arracher une motte qui gêne l'écoulement de l'eau, dans une rigole du pré. Là, il s'accroupit devant un plant de pommes de terre qu'attaquent quelques doryphores. Il tire en passant une tige de chiendent, qu'il envoie se dessécher sur le talus. Il n'a besoin de rien d'autre pour être heureux.

C'est la terre qui le fait vivre, mais c'est pour elle qu'il vit. Il sait combien elle est exigeante. Il sait aussi qu'il en est le gardien et le maître, après les éléments bien sûr ! A lui de bien assumer ces rôles. De bien choisir les dates pour semer, pour récolter. De sélectionner judicieusement les parcelles à laisser en repos -eh oui, la terre aussi a besoin de repos !-. De veiller à alterner les cultures. Il se sent libre et responsable. Cela le rend heureux !

Ils ne sont pas riches, le Firmin et l'Eva. Mais ils ne sont pas misérables non plus. Ils n'ont à courber l'échine devant personne. Ils sont même considérés comme des gens à l'aise par leurs voisins : «C'est que, pensez donc : ils ne payent pas de loyer, la ferme est à la Sophie !».

Bien sûr, ils doivent économiser... Mais cela se fait tout naturellement, un peu comme on respire, sans y penser. On ne *petafine* rien. On récupère les clous tordus, sur les vieilles planches, pour les redresser et les faire resservir, à l'occasion. On *ente* les chaussettes usagées. Avec le frottement sur le bois du sabot, c'est toujours le talon qui s'élime en premier. On tire un fil, on relève les mailles sur les aiguilles de fer, et on retricote un talon flambant neuf. On utilise la dernière lueur du jour, jusqu'au bout, avant d'éclairer la lampe. «Les petits ruisseaux font les grandes rivières», dit souvent l'Eva.

On ne parle jamais d'argent. Ce n'est pas un sujet de conversation. Il en rentre peu, mais on en dépense peu, c'est tout ! On n'aime pas les gens *qui pètent plus haut que leur cul.*

On produit tout ce dont on a besoin pour vivre... ou presque. Il faut acheter l'huile, un peu de riz et quelques pâtes, le sucre, le café, le tonneau de vin et deux ou trois choses encore. Mes cahiers, pour l'école, un «bleu» pour le Firmin, des blouses et quelques bouts de tissu. Cela, on peut se le payer, et c'est ainsi que l'on ne manque de rien.

Seilhard : Baquet de bois pour porter la pâtée des cochons.

Bargaille : Pâtée épaisse des cochons

Petafiner : Gaspiller.

Carcan : plaque de bouse sèche accrochée aux poils de la vache qu'elle a agglutinés en paquet (souvent sur l'arrière-train ou les jarrets de l'animal).

QUOTIDIEN TU CONTRAINS

1

Rites du matin

Chaque matin, c'est le même rite. L'Eva s'avance au bord du lit-placard, saute sur le plancher de la cuisine. Sur sa chemise de coton qu'elle garde jour et nuit, (ici on ignore la lingerie de nuit !) elle boucle le corset à baleines rigides qui lui remonte la poitrine et soutient les reins. Elle enfile sa combinaison de laine ou de coton, voire de *finouselle* -selon les saisons- puis sa robe de tous les jours, et enfin sa blouse.

Elle chausse ses sabots. Ecoutez, ils sonnent sur le bois du sol, puis sur le glacis. C'est qu'elle se dirige vers la cheminée. Vite... Quelques *garnes* de pin ou quelques *chalots* de genêts secs, fourrés dans le foyer sans porte. Un vieux bout de journal fripé entre ses mains, tout en dessous. Et une allumette craque...

«Voilà le feu allumé», dites-vous. Eh bien non, il ne l'est pas encore ! C'est un papier tenu à bout de doigts, qu'elle vient d'enflammer. Elle glisse celui-ci, d'un geste preste, dans une petite porte située sous le four. Woup ! Le papier s'enfuit dans la cheminée, aspiré d'un seul coup ! Ainsi s'amorce le tirage du vieux fourneau. Une autre allumette, et cette fois la flamme jaillit, s'étire, s'enroule autour du bois qui craque et pétille. Le feu est éclairé. Il le restera sans doute toute la journée...

Du bout de son pique-feu, l'Eva enlève le premier rond de fonte, juste au-dessus du foyer et enfonce dans la flamme venue à sa rencontre, la petite casserole pour chauffer le café. Toute en aluminium, au fond noir de suie, quelque peu bosselée. Notre casserole à chauffage rapide, si vous voulez ! Une casserole prévue pour s'encastrer profondément, et être ainsi léchée par la flamme de toutes parts à la fois. Difficile de la décrire. Peut-être en rencontrerez-vous une, un jour, dans une brocante.

Casse-croûte entre hommes

La garde du troupeau

Arrêtez-vous alors, un instant. Pensez aux milliers de cafés qu'elle a réchauffés dans le petit matin. Elle qui n'a servi qu'à ça ! Cafés d'orge grillé, cafés mêlés de chicorée Leroux, cafés moitié l'un moitié l'autre. Il n'y avait jamais de café pur, le matin. Vous verrez alors la fumée s'élever des petits bols sur la toile cirée, vous humerez l'odeur bien particulière et peut-être même, vous entendrez quelques instants la musique d'une langue oubliée.

Le Firmin est dehors. Il fait son petit tour du matin dans la cour, histoire de *voir le temps.* Le voilà qui revient. Ensemble, ils avalent leur café et un bout de pain bis trempé. Chut ! Chut ! J'ai besoin de silence. J'entends résonner en moi leur conversation en patois. Non pas avec ses mots, mais dans ses sonorités et son mouvement si particuliers. Telle qu'elle parvenait autrefois, à travers la paroi de bois et la porte entr'ouverte, jusqu'à mon lit.

L'Eva se dirige alors vers l'étable où l'attend *le travail de l'écurie.* L'on ne parlait jamais d'étable. Chez nous, il y avait la *maison,* autrement dit la salle commune, le *cabinet* c'est-à-dire la chambre, l'écurie où logeaient les animaux, la grange et la *chaudière,* la pièce où l'on faisait cuire *l'oula* des cochons... Et c'est tout.

L'Eva entre donc dans l'écurie. Comme toujours, il y règne une demi-pénombre. Mais cela ne la gêne pas. L'odeur âcre et chaude du fumier non plus. Elle y est tant habituée, depuis des années, qu'elle ne les perçoit plus vraiment. Elle enfile son *tablier de devant* en toile bleue et s'affaire.

Il y a les betteraves à couper en lamelles et à déposer dans les baquets de bois. Une ration pour chaque vache au moment de la traite. On se concilie ainsi les bonnes grâces de celles-ci, pour qu'elles donnent leur lait jusqu'au dernier *chicot,* sans *repiter.* C'est aussi, bien sûr, un moyen de compléter le repas des laitières.

Il y a les veaux à lâcher qui profitent toujours de l'occasion pour gambader et faire de grands sauts à travers l'écurie. L'Eva les regarde tranquillement, car elle le sait : après deux ou trois galops et quelques ruades, la faim les conduira bien vite vers leur mère. Et les voilà, bien campés, les pattes de devant écartées pour un plus grand équilibre, qui ont saisi le pis. Les babines couvertes d'écume, ils tètent consciencieusement. Et de temps à autre, ils *sampounent* si fort, avec la tête, que le flanc de leur mère en frémit.

Elle peut alors commencer la traite.

L'Eva installe au pied de l'escalier qui conduit à la grange le grand *douirou* qui recevra toute la traite, avec le *coulor* où l'on passera le lait. Une sorte de grand entonnoir, le *coulor* ! Muni de son *patou,* un carré de tissu fin, il retiendra toute impureté, toute *borde* désobligeante.

Et la voilà qui traverse le fumier, direction la Greille. Elle se fait légère pour ne pas trop y enfoncer les sabots. Son tabouret à trois pieds d'une main, le seau de l'autre. Elle s'assoit près de l'animal. La queue de la vache balance, passe et repasse. Va et vient incessant. A l'un des passages, une main la saisit. Hop ! Entre les genoux écartés, elle se trouve coincée, en même temps que le seau. Prisonnière la queue, dans le tablier de toile bleue ! Elle ne fouettera pas le visage de l'Eva. Alors les doigts agiles entrent en danse, autour des pis. Et le lait gicle dans le seau, sans effort, mécaniquement dirait-on.

L'Eva s'en va alors, ailleurs, dans ses rêves. Dans le jardin où il faudra *chaoulier* quelques choux, tout à l'heure pour faire la *chaudière* des cochons, dans le pré où l'attend le foin à retourner, auprès de ses bouts de tissu où elle pourra peut-être *trouver* une robe à ses filles ! Mais un coup de pied vient de frôler sa jambe : «*Greillo ! Anènt !*» : «Greille ! Allons !» lance-t-elle simplement en signe de reproche.

Tous les jours de la semaine, dimanches et fêtes, une, deux, trois, quatre vaches à *mouze* -à traire- ainsi, cinq parfois... Et cela trois fois par jour, matin, midi et soir ; oui, vous avez bien entendu, à l'époque, on trayait trois fois. Moins on sollicite, moins on obtient : c'est le bon sens même, pour les bêtes comme pour les gens. Pour ne rien laisser perdre, on trait aux trois repas et on *chicote* jusqu'à la dernière goutte. D'autant plus que -dit-on- «*Lou chicots coueï tou dé dzimà !* Les dernières giclées, c'est tout de la crème». Pourquoi gaspiller ?... Pour un peu de travail en moins ?... Ce serait une honte, n'est-ce pas ?

Ils ne sont plus là, l'Eva et le Firmin, ils n'auront pas notre réponse. Et c'est mieux ainsi, je crois.

Finouselle : Tissu léger.

Garnes : Rameau de pin avec ses aiguilles sèches.

Chalot : Grosse tige de genêt sec.

Repiter : S'agiter, donner des coups de pieds.

Sampouner : Donner des coups de tête en tétant, pour hâter la venue du lait.

Chaoulier : Effeuiller des choux.

Douirou : Seau

Chicoter : A la fin de la traite, chaque pression de main sur le pis n'entraîne plus automatiquement un jet de lait. Il peut y avoir trois, quatre mouvements des mains -parfois plus- sans effet, suivis d'une ou deux giclées. Ces dernières deviennent de plus en plus espacées, de plus en plus courtes. Ce sont des *chicots*. L'on est en train de *chicoter*.

Vaches à «l'écluse»

On «abéoure» le troupeau (ou vaches à l'abreuvoir)

2

Et ainsi de suite

Deux heures déjà se sont écoulées, depuis que nous avons quitté l'Eva. Sur son *selou,* elle trayait la Greille. Tranquillement, l'une après l'autre, elle a trait ses quatre vaches à lait. Par la porte entrebaillée du *castou,* elle a donné aux veaux leur complément de ration au biberon.

Le biberon du veau

Elle a trait ses deux chèvres, accroupie bas sur leur litière, un genou en terre parfois -leurs pis chargés de lait descendent presque jusqu'au sol-. Puis elle a fait la tournée des lapins. Tablier relevé en conque, bien rempli de bonne herbe ramassée au bord des chemins, la veille par la Sophie. Et c'est le couvercle soulevé, à chaque cage, et la distribution selon l'importance de la famille : une poignée ici, deux là... «Oh ! Ces cages ! Il faudrait les nettoyer». Elle le sait. Elle les empaillera demain, si elle a un moment !

Soudain un vacarme assourdissant. Des cris et des hurlements. On dirait à s'y méprendre des cochons qu'on étrangle. Et c'est en effet de cochons qu'il s'agit. De cochons simplement affamés ou même tout bonnement impatients de manger.

La porte de la chaudière qui s'est ouverte, un *seilhard* que l'Eva a remué ? En tout cas, le signal a été donné. Plus rien ne les arrêtera... Il n'y a plus qu'à se boucher les oreilles ou comme l'Eva, se hâter de préparer leur *bargaille.* Elle puise dans la grande *chaudière* les louchées de pâtée, un peu de son dans l'immense maie, un peu de petit lait. Et manches retroussées jusqu'aux coudes, elle pétrit et pétrit encore dans le grand *seilhard* de bois. Puis elle empoigne ce dernier et s'en va le vider, dans l'auge étroite et toute en longueur... Le *bachassou* installé en plein milieu de l'étable...

Attention ! Garez-vous ! Elle a ouvert la porte de la soue. Une meute se précipite, d'une seule pièce, têtes baissées, museaux à terre, oreilles battant l'air. Grognements ! Cris ! Bagarres ! Puis soudain, plus rien... Des bruits de soupe goulûment avalée, une chaîne de vache secouée... Le silence ou presque. La maisonnée entière respire.

Déjà l'Eva a tiré derrière elle la porte de l'écurie -une sage précaution pour que les monstres ne s'égaillent pas au dehors !- et s'en est allée. A pas pressés, presque à la course, elle file vers le bassin en contrebas de la maison.

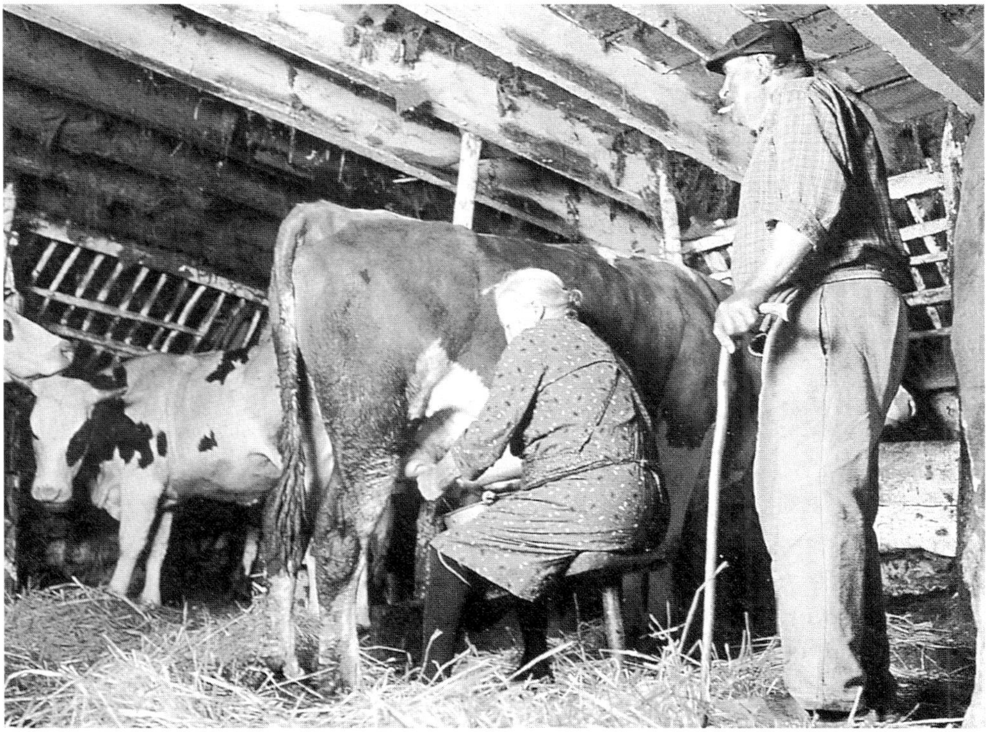

La traite

Non, elle n'a pas de cruche à la main. Rien. Elle s'en va *aou pouz,* chercher le seau de lait des traites de midi et du soir du jour précédent. Et elle se dépêche car le laitier ne va pas tarder à passer, comme chaque matin. Penchée sur la petite retenue d'eau fraîche, que l'on appelle pompeusement *pouz* -c'est-à-dire puits-, elle enlève la pierre posée sur le couvercle qui maintient le seau immobile dans le léger courant, saisit l'anse, et la voilà repartie vers la cuisine.

A l'ombre, près de la porte, elle installe les seaux contenant les traites du jour. Et, roulé dans une poignée d'un des couvercles, le carnet qu'il faut présenter au laitier. Il y inscrira, après l'avoir mesurée avec son décalitre, la quantité de lait *ramassée.* Tout est prêt. On peut aller manger la soupe. D'ailleurs, le Firmin arrive.

Vite elle *pousse le feu* pour réchauffer le restant de la soupe du soir. Elle a mis sur la table la tourte de seigle, un bon morceau de lard froid, le saucisson et, dans une assiette, la fourme, accompagnée de quelques bons picodons faits à point, hélas appréciés parfois des petits asticots. Regardez, dans la croûte crémeuse, je crois bien avoir décelé un infime mouvement... Le Firmin sait que ses filles détestent cela et qu'elles vont s'exclamer. Mais il sait aussi que, souvent, ils vous signent un des meilleurs picodons qui soit (pas bêtes, ces petits vers !).

Une fumée odorante s'exhale des bols. L'Eva et le Firmin y coupent de gros morceaux de pain qui tout lentement se gorgent de liquide. Ils gonflent, gonflent. Et quand ils ont pompé tout le bouillon, vous avez une bonne soupe bien consistante, une *soupe à plante-cueiller.* Telle qu'ici on l'aime. J'ai bien dit *plante-cueiller* et non pas cuillère. Ce n'est pas par erreur, on prononçait ainsi chez nous : *cueillère* ou *cueiller,* au choix, mais jamais cuillère.

Dans un coin, le chien lappe tranquillement sa soupe. Jeu rituel ou presque : le chat, assis sur son derrière, le contemple, et s'avance un tant soi peu... Puis encore un peu. Trop près sans doute, car soudain c'est l'agression. Volte-face du chien, grognement dissuasif et surtout ces grands crocs menaçants découverts par des babines au plus loin retroussées. Fuir, pour le chat, rien d'autre à faire. Un pfttt ! non convaincu. Et le voilà qui s'en retourne au chaud, paisiblement, sur la porte ouverte du four, qu'il avait quittée le temps de jouer son numéro habituel.

Bruits de soupe déglutie avec appétit. Conversations sereines ou empreintes du souci du jour. Moment de pause, de calme... Mais bientôt, les miettes éparses sur la toile cirée sont rassemblées dans la paume de la main et déposées dans le bol vide. Elles iront ainsi dans l'eau de vaisselle, nourrir les cochons. Puis c'est l'Opinel que le Firmin essuie d'un revers de lame sur le velours du pantalon, avant de le replier et de le glisser dans sa poche... Et chacun repart de son côté.

Selou : Tabouret à trois pieds (textuellement : petite chaise).

Castou : Réduit en planches aménagé pour les veaux.

3

Les cochons

Parce qu'il faut les servir... Les servir copieusement, trois fois par jour. Parce qu'il faut chaque jour -oui, chaque jour- préparer et cuire leur pâtée. Peut-être aussi, je dois l'avouer, parce qu'ils ne sont pas les animaux les plus attachants, l'élevage des cochons, *daou caïous*, était -je crois- pour l'Eva, une des tâches les plus contraignantes.

La «chaudière» pour cuire «l'oula» des cochons

Dans la même année, deux *caïounées* voyaient le jour sur la paille de l'une des petites soues. Dès que les uns venaient de naître, on conduisait au verrat celle qui serait mère numéro deux. Autrement dit, les deux familles de porcelets auraient -attendez... que je ne me trompe pas...-. Laissez-moi le temps de réciter la comptine des durées de gestation, procédé mnémotechnique infaillible :

Mirâ : mès	Chatte : mois
Tchinâ : trés	Chienne : trois
Renâ : quatro	Elle grogne : quatre
Béalâ : sink	Elle bêle : cinq
Cornâ : naou	Elle corne : neuf
Inâ : doudze	Elle hennit : douze
Saoumâ : trédze	Anesse : treize

Elles auraient -vous avez entendu : *renà : quatro-* environ quatre mois d'écart ! De la première portée : on en aurait déjà vendu plus d'un. Partis ceux-ci, pour être engraissés dans une autre ferme. D'autres seraient encore là, occupés à se faire un lard bien épais, de la largeur d'une main, si possible.

Dès avant la mise bas, les soucis commençaient. Depuis des jours et des jours, on examinait la mère, *la caïo,* d'un air inquiet. Serait-elle «une bonne *caïo*» ou une «mauvaise» ? C'est qu'il en existait de très «mauvaises» qui avaient commis de bien vilains méfaits.

Le moment était venu de raconter ces derniers... Et croyez-moi, l'on ne s'en privait pas. Aucun détail n'était omis. Il y avait celle du Pierrou qui avait mangé ses bébés en moins de temps qu'il n'en faut pour le dire, celle qui avait attrapé le mollet de la Marie et alors là... Aïe ma pauvre, je vous dis pas !... Et ainsi de suite.

En attendant l'événement, l'Eva n'avait plus qu'à confectionner, comme elle en avait l'habitude, un *mouraillou* de grosse toile. Une espèce de muselière qui enserrerait le *mouro* de l'animal -mieux valait prévenir que guérir !-. Le Firmin installait sur un des *pountiés* de bois, au-dessus de la cage, une baladeuse. Vous l'avez compris : c'est sûr, vaudrait mieux y voir clair !

Et puis un soir -comme un fait exprès, c'était presque toujours un soir, allez donc savoir pourquoi- la nouvelle tombait : *la caïo* préparait son nid ! Elle soulevait du groin la paille de sa litière, la poussait, l'entassait plus ou moins habilement, et s'agitait, s'agitait.

Le moment était arrivé.

Discrètement, l'Eva et le Firmin entraient alors dans la soue. Aucun mouvement brusque -se faire oublier serait l'idéal-. Des chiffons sur le rebord de la cloison en planches, des ciseaux pour couper, à chaque naissance, le cordon : tout était prêt pour la longue nuit qui s'annonçait !

Chaque truie mettait au monde une bonne dizaine, voire une douzaine de bébés. Quelquefois treize. L'important dans l'affaire, c'était le nombre de mamelles de la mère. Il en fallait une par bébé. Aussi, les avait-on comptées et recomptées, les jours précédents. On savait leur nombre ! S'il en manquait une, -il en manquait rarement plus d'une (la nature ne se trompe jamais de beaucoup !)-, on s'affairait aussitôt à préparer bouteille et tétine. On choisissait l'un des bébés. Le sort en était jeté : il serait élevé au lait de vache. Un surcroît de travail pour l'Eva et des trésors de patience à déployer pour lui faire accepter le biberon ! Mais que voudriez-vous que l'on fît d'autre, je vous le demande ?

Il faut le reconnaître : au début les porcelets étaient adorables et le tableau de famille touchant. La mère poussait de petits grognements affectueux, presque comme de doux ronronnements, qui s'enchaînaient en soulevant ses flancs. Puis, elle se laissait tomber sur le côté, la tête renversée, allongée loin sur la paille. Et c'était la cohue de tout un petit monde rose, aux corps recouverts de fines soies douces, léger duvet vaporeux. Un petit monde rose, sur des pattes incertaines.

Et l'on se bousculait du groin, et l'on se mordillait au passage, et l'on enjambait les petits frères gêneurs et tant pis si cela vous envoyait rouler cul par dessus tête dans la paille. C'est que chacun avait sa tétine, la sienne, rien que la sienne... et n'en changeait jamais, pour rien au monde. A chaque tétée, le même problème, pour chacun des nourrissons : retrouver celle-ci, à n'importe quel risque et, cela va de soi, le plus vite possible !

Quand s'installait le calme, l'Eva savait que chacun avait enfin trouvé sa place et que l'appétit allait bon train. Puis... les succions devenaient irrégulières. Des yeux se fermaient. D'une bouche entr'ouverte s'échappait une tétine, qu'un groin fouailleur récupérait aussitôt. Les petits estomacs avaient leur content.

Les truies, vous l'avez compris n'étaient pas toutes de méchantes mères. Mais toutes étaient maladroites. Que dire de leurs lourds déplacements, dans l'espace exigu de la soue, de la manière qu'elles avaient de se laisser tomber, d'un seul bloc, pour se coucher ! Peut-être leurs oreilles tombantes cachaient-elles une partie de leur champ de vision ? Je l'ignore... Mais au milieu de ce petit monde grouillant, elles avaient tout, c'est sûr, de l'éléphant dans un magasin de porcelaine. Aussi fallait-il surveiller sans interruption la nouvelle famille. Le jour, mais aussi la nuit.

On veillait *la caïo* quatre à cinq nuits d'affilée. Vite, tendre un bras protecteur pour éviter les pattes cassées quand maman *caïo* se déplaçait. Et hop ! Soulever de terre le malheureux qu'elle avait failli coincer contre la paroi en se couchant. Il fallait, vous pouvez me croire, avoir l'œil constamment en éveil.

Il y avait bien un caisson à claire-voie -fait de barreaux de bois, sans fond-, sous lequel on pouvait, de temps en temps, entasser tous ces bébés...

Mais ce ne pouvait être que pour un bref instant : le temps de traire une vache, ou celui d'aller boire un café, les nuits de veille, quand le sommeil alourdissait les paupières. Ils étaient bien trop serrés là dessous, ils risquaient d'étouffer !

Heureusement, la présence constante de la mère se faisait bientôt moins indispensable. Les tétées s'espaçaient quelque peu. Entre deux repas, on déposait les porcelets, de l'autre côté de la paroi, dans une soue contiguë. A travers les planches disjointes, ils continuaient de percevoir l'odeur de leur mère et ses doux grognements. De quoi rester sereins, jusqu'aux retrouvailles, à la tétée suivante...

Un mois passait... Et bien vite ils ne tétaient plus.

On cuisait alors pour eux, dans une *oulo* en fonte, haute et bien ventrue, des petites pommes de terre (des deuxièmes choix en quelque sorte, mais pelées s'il vous plaît !), quelques carottes, du sel, du lait : une vraie soupe de bébés cochons, qui mijotait des heures sur le fourneau de la cuisine !

Ils grossissaient presque à vue d'œil... Le contenu de la petite *oulo* devenait insuffisant. «Il faudra *faire la chaudière* !», disait, un matin, l'Eva. Et c'était parti pour toute l'année... ou presque !

La chaudière ? C'est un immense chaudron en fonte, monté sur trois pieds, avec son foyer incorporé et son tuyau évacuateur de fumée... A voir absolument. Peut-être, dans un vieux hangar de ferme, il sert encore, parfois, pour stériliser les bocaux de conserve... Sinon dans un musée.

Alors, vous imaginerez l'Eva, de retour du jardin, traversant la cour, pliée en deux, le *bourènc* de grosse toile brute noué sur le front. Vous la verrez, près de la chaudière, tourner le dos à la grande maie, avant de s'appuyer tout contre elle et de laisser tomber sur son couvercle le lourd faix de choux.

Vous entendrez bientôt les feuilles de ces derniers crisser, dans le va-et-vient du grand coutelas qui les hachait. Vous entendrez craquer les énormes choux-raves qu'elle tranchait. Puis les «han !» poussés pour hisser les deux seaux d'eau, jusque sur le rebord du chaudron. Et quand résonnera un autre «han !», soyez-en sûr, c'est un panier de pommes de terre qui s'élevait, à son tour. Ou peut-être de carottes... Oui, de carottes, en premier ! Où avais-je la tête ? Chacun sait que l'on mettait plutôt les pommes de terre sur le dessus, nature cette fois, lavées, mais avec leur pelure. Quiconque soulevait l'immense couvercle de fonte pour juger de la cuisson les voyait qui mijotaient.

Il est des auteurs qui racontent comment ils en chapardaient quelques-unes, en fin de cuisson, et combien le goût leur en paraissait inoubliable... Moi, je trouvais l'odeur qui s'échappait du chaudron plutôt fade, un peu écœurante même. Je me souviens surtout de m'être brûlé les doigts en tirant un de ces petits tubercules à moitié desséché pour savoir si la cuisson était à point.

La chaudière cuisait des heures... Ne pas laisser éteindre le feu ! Souci permanent ! «Qui a mis du bois dans la chaudière ?». Aussitôt l'un d'entre nous s'élançait pour enfourner dans l'immense foyer deux ou trois énormes *estellous.*

Quand le soir approchait, que le feu était éteint depuis quelques bonnes heures, le moment était venu de *briquer* la chaudière. D'écraser le contenu du chaudron. Croyez-moi, cela était pénible. Hissé sur la pointe des pieds pour un peu plus d'élan, on enfonçait le *pesteil* au long manche. Et le va-et-vient de bas en haut commençait et se poursuivait... Jusqu'à obtenir une pâtée presque onctueuse.

Quand sonnait l'heure du repas, quand l'Eva ouvrait la porte de la soue, les porcelets s'élançaient vers l'extérieur. Horde agglutinée, ils contournaient le hangar, ventre à terre, et s'en allaient faire le tour du bâtiment de ferme... Une seule idée : revenir au plus vite... Ainsi les avait-on dressés pour dégourdir leurs pattes et éviter, disait l'Eva, certaines maladies. Quand ils regagnaient l'étable, l'auge -ils le savaient- était remplie de bonne pâtée encore tiède. Et l'on se bousculait, et l'on pataugeait dans le *bachassou* même. Et ça giclait de partout...

Elle était bien finie, la période des adorables petits cochons roses !

Caïou : Cochon ; *Caïo* ou *caïo* : truie ; *Caïounée* : portée de cochons.

Oulo : Marmite ; *Oulà :* Marmitée.

Pountié : Enorme pilier en bois soutenant les poutres.

Mouro : Museau.

Bourènc ou *Flourié :* Carré de toile bise pour porter les faix.

Estellou : Bûche.

Pesteil : Pilon de bois, à long manche.

4

Et le ménage en plus

Elle est femme, l'Eva. Elle doit donc, c'est la règle de tous les temps, pour toutes les femmes -ou presque-, préparer les repas, tenir son ménage. En plus... En plus des soins aux animaux. En plus des picodons à préparer : elle vient justement d'y verser la dose de présure et de les mettre à *cailler* sur le bord du fourneau ! En plus des troupeaux à conduire au pré. En plus des travaux qui la réclament à l'extérieur. En plus...

Elle ne sait où donner de la tête et des bras, pendant la belle saison... Pas étonnant que ce soient les femmes qui, les premières, décideront un peu plus tard de quitter nos campagnes pour la ville.

Pour l'instant, elle n'a pas le temps de penser. Il y a tant à faire. Balayer la maison, faire les lits, laver la vaisselle, préparer la soupe du soir...

«Qu'est-ce qui fait, chaque matin, le tour de la maison, avant de retourner dans son coin ?» disait une des devinettes de ma grand-mère. Le *couïve*, bien sûr ! Le grand balai en paille de riz. C'est avec lui que l'Eva balaie la cuisine. Deux fois par jour au moins. Il attend, prêt à l'emploi, ses brins rigides dressés vers le haut, dans le petit renfoncement, sous le grand manteau de la cheminée. Il est là son petit coin ! Près des deux fagots gardés en réserve, pour l'allumage du feu, le matin...

Ce petit coin que convoitent tant les chats de la maison, pour y déposer leurs besoins. Mais leur rêve devient rarement réalité, car ici, chacun veille. Dès que les pattes entrent en danse pour creuser le *crapussié* -ce *crapussié* fait de débris d'épines sèches et de brindilles pilées-, c'est le cri unanime. Pchttt ! Pchttt ! Et les bras s'agitent, et les talons frappent sur le sol. Alors, quand on est chat, je vous le dis, on déguerpit sans demander son reste. Et c'est heureux. Il y a bien assez d'espace à l'extérieur et à la grange tout de même !

La vaisselle n'est pas facile à faire. Pas d'évier. Une simple petite table réservée à cet usage et une bassine en fer galvanisé. Pas de produit dégraissant, pas de savon non plus. Les eaux grasses de vaisselle sont utilisées pour nourrir les cochons : il ne faut jamais l'oublier ! «Le savon peut provoquer des avortements chez les animaux» : le Firmin et l'Eva l'ont expliqué souvent.

Au fur et à mesure que je grandis, mon tour vient de faire, de temps à autre, la vaisselle. Et les résumés d'hygiène s'allongent sur mes cahiers de sciences... C'est comme un dilemme qui me tenaille... Je trouve les assiettes un peu collantes à l'essuyage. Et l'Eva -me semble-t-il-, de son côté, martèle plus souvent et de façon plus insistante : savon égale avortement... Peut-être a-t-elle tout compris de mes hésitations ?

Cette petite envie de leur désobéir me fait monter le rouge aux joues... Tant pis pour l'hygiène, je ne les trahirai pas...

Je sais combien l'eau, pour l'Eva, est un bien précieux. Au moins autant que le pain. Quelle contrainte, chaque jour, en toutes saisons de charrier cruches ou seaux ! Dire que pour certains, il suffit de tourner un robinet !

Il faut descendre au bassin, là-bas en contrebas, et en été, pire encore, c'est au milieu du pré qu'il faut aller pour puiser l'eau potable. Et allez donc, un premier voyage, mesdames -c'est une corvée de femmes, presque exclusivement !-, *bitchéïres* ou seaux, au bout de vos bras distendus ! Puis un autre, un peu plus tard. Et un autre encore...

La «bitchéïre»

Ici, il n'est pas trop grave de confondre torchons et serviettes, mais, attention, il ne faut jamais confondre cruches et seaux ! Dans les cruches, l'eau de la source réservée à la cuisine. Pour la toilette, pour la vaisselle et pour les animaux, l'eau des seaux . Ces derniers sont remplis à même le bassin. Pour les cruches, il en est tout autrement. Une petite canalisation de bois capte l'eau de la source, qui sourd entre les pierres d'un muret. A son extrémité, on installe la cruche et on attend.

La lessiveuse

Commence alors la petite musique de l'eau qui l'emplit. Ses variations disent à celui qui attend où en est le niveau dans le récipient. Moment de calme... L'esprit vaque à son aise... Avant la dure remontée, dans la pente caillouteuse... Au rythme des pas l'eau clapote doucement. Mais bientôt, un caillou gênant, et c'est immanquable... Une cruche frôle un mollet, remous en surface : voilà chevilles et sabots de partout éclaboussés.

L'été, la source tarit. Tout devient plus difficile encore. On dévie le cours d'un ruisseau qui apporte, dans le bassin, à la place de l'eau de source, une eau seulement acceptable pour les animaux et la lessive. Quant à l'eau potable -du moins pensons-nous qu'elle l'est-, c'est en plein milieu d'un pré que jaillit la source.

L'eau forme ici une petite mare : c'est *notre écluse,* à quelque deux cents mètres de la maison. On écarte de la main les herbes, les brins de foin à l'époque de la fenaison et les sauterelles qui ne manquent jamais de surnager. On enfonce le litre en fer blanc, *la mesure,* dans le trou d'eau fraîche et, mesure après mesure, on emplit les cruches. Croyez-moi, pour le trajet retour, il faut bien faire deux ou trois pauses, en cours de sentier, pour les ramener à la maison.

On les installe alors sur leur banquette. Elles trônent là, le bec en avant, prêtes à remplir casseroles et marmites, tout au long du jour... Mais c'est clair pour tout le monde : il faut les utiliser avec parcimonie... Quiconque les a, un jour, remontées de la fontaine, en est pleinement conscient.

ET LA SANTE IL FAUT LA FAIRE ALLER

1

Attention aux parasites

Une cuvette en émail bleu... Quelques louches d'eau puisées dans la bouillotte du fourneau... Une savonnette... Un simple torchon... Voilà tout ce dont on dispose pour faire sa toilette. Ce n'est pas très facile. Aussi le plus souvent -comme l'on dit ici- on se lave comme les chats : le visage et le cou.

Les mains aussi bien sûr ! Plusieurs fois par jour, même... Elles doivent être lavées souvent, on le sait. A l'école, alignés de part et d'autre de l'escalier, il faut les présenter au maître, côte à côte, devant soi : le dessus d'abord, les paumes ensuite. Et cela, chaque matin, avant d'entrer en classe. Et quelle honte, si du doigt il vous désigne le lavoir, en contrebas...

La toilette un peu moins sommaire reste l'affaire du dimanche.

C'est aussi le dimanche que le Firmin rase sa barbe, sa barbe d'une semaine. Il installe sur le coin de la table le récipient d'eau chaude, le blaireau, la ceinture de cuir. Et le voilà qui passe et qui repasse la lame du rasoir à deux branches, sur cette dernière. De légers crissements sur le cuir : elle s'affûte pour mieux s'attaquer aux poils drus et raides de la barbe. Le Firmin, la figure à moitié noyée sous l'écume blanche du savon, ploie les genoux devant le vieux miroir. C'est qu'il est un peu trop grand pour que son visage s'y encadre en plein centre...

D'un doigt il maintient l'écartement des deux bras du couteau... L'ouvrage commence...

Bientôt il devient un autre homme, beaucoup plus jeune, beaucoup plus gai, rayonnant même. Toute la fatigue accumulée durant la semaine s'est diluée dans la mousse. «Ah, ah ! dit-il alors tout sourire, je vaux bien deux sous de plus !».

Il y a aussi les têtes à laver... Et ici toutes les femmes ont de longs cheveux -ce qui ne simplifie pas le travail-. Mais c'est affaire d'habitude, il y a toujours ou le soleil ou la flamme du feu pour aider à les sécher... On savonne, on frotte, on fait mousser : on veut à tout prix éviter les poux... Et souvent on réussit. Je crois bien n'en avoir eu qu'une fois ! Mais alors, quelle honte !

Je sens encore l'odeur de la «Marie-Rose» -la mort parfumée des poux, disait le flacon-. Je sens le cuir chevelu qui me brûle... On passait ce produit chaud, le plus chaud possible pour une meilleure efficacité. Je vois l'Eva enserrer ma tête dans un bonnet. Hermétiquement, bien hermétiquement... Je sais «l'opération peigne fin» du lendemain matin, pour décrocher les lentes perverses. Je n'ai rien oublié...

Les puces, elles, sont assez bien tolérées. Dommage qu'elles aient la désagréable manie de faire des piqûres qui démangent, démangent. On ne les voit presque jamais, mais elles vous sautent dessus en traîtresses. Contre elles, on se sent démuni. Que voulez-vous, chacun sait qu'elles sont les hôtes indésirables des chiens. Et les chiens, il y en a toujours deux au moins, à la maison, alors... Alors, ce n'est pas grave. Si par hasard, on en voit une, on s'en saisit. On la coince -si on est preste- entre les ongles de ses deux pouces réunis. D'un coup sec, on les rapproche. Un petit craquement... sur l'ongle un peu de sang et... on n'en parle plus !

Par contre, les punaises sont les insectes exécrés. Sans en voir une seule, sans aucun indice explicable, d'un coup on suppute leur présence. Dans le lit-placard surtout ! Elles sont abominables... Les punaises, c'est le déshonneur ! Dès que l'un d'entre nous se gratte, il y a toujours quelqu'un pour dire : «C'est pas des punaises au moins !». Et chacun d'examiner la piqûre attentivement. C'est que certaines fermes en étaient infestées. Impossible alors de s'en débarrasser. On ne connaissait pas le DDT. Son arrivée signera, dans nos campagnes, la fin des punaises... ou presque !

Chez nous, on préférait anticiper. Chaque année, au printemps, on sortait du lit-placard draps, couvertures, traversin et *coussère*. Et commençait le grand lessivage. L'Eva mettait à chauffer la grande lessiveuse remplie à ras bord. Elle y puisait alors, quand ça bouillonnait, de pleines casseroles d'eau bouillante. Avec force, elle les projetait contre les parois de bois... L'eau se faufilait dans tous les interstices, ressortait entre les planches mal jointes, ruisselait. Je crois être sûre qu'une odeur âcre flottait dans la maison... Enfin, je crois...

2

Médications d'alors

En cas d'aléas de santé l'on ne compte pas trop sur le médecin... Il y a bien le docteur Tourasse à Saint-Agrève, celui qui aime les belles pierres et qui répond, à chaque fois qu'on l'appelle, alors qu'on s'efforce de bien lui indiquer le chemin : «Ah ! Je vois... C'est à la jolie maison aux pierres de taille !». Il y a aussi, le docteur Riou au Chambon... Mais on ne fait appel à eux qu'en cas de vrai coup dur.

On se soigne d'abord avec les moyens du bord. Et surtout l'on évite toute imprudence : mieux vaut prévenir que guérir. C'est ainsi que l'on craint par dessus tout les courants d'air. «Attention, ferme la fenêtre, tu vas attraper un courant d'air !» entend-on souvent ça et là. Il n'y a rien de plus traître qu'un courant d'air : ça vous tombe dessus sans qu'on y prenne garde. Vous sentez à peine un souffle et paf ! vous en avez attrapé un. Et savez-vous ? Cela peut être très grave.

«Parfois, ça peut même tomber dans la poitrine !» ajoute la Sophie, «et alors dans ce cas...». La voilà partie dans ses songes : elle n'en dira pas plus. Le mot poitrine est toujours associé dans son esprit à «fluxion». C'est qu'elle en a connu des gens qui sont morts d'une fluxion de poitrine, cette pneumopathie qui accompagnait souvent la tuberculose..

Un autre danger : l'eau trop fraîche des sources, surtout lorsque la sueur vous mouille le dos. Il n'y a rien de tel pour *se morfondre*. Il m'est arrivé parfois de demander : «Qu'est-ce que ça veut dire, grand-mère, *se morfondre* ?». «C'est quand on se fatigue trop, qu'on se surmène. Ou bien quand on attrape un chaud et froid. Alors bourgeonnent des boutons, des cloques sur le pourtour des lèvres, même dans *le ciel* de la bouche des fois... Et ça guérit jamais !». Dans le langage de la grand-mère Sophie, ces derniers mots signifiaient simplement que ça n'en finit pas de durer...

Méfiance aussi envers les ombres épaisses. Les pires sont celles du noyer et du frêne : *les ombres de la mort*. Heureusement, il ne pousse pas de noyers chez nous et peu de frênes... Cependant pour faire sa pause, au moment de la fenaison, le Firmin prend toujours soin de choisir une ombre de tilleul ou d'aulne, une ombre légère où jouent ça et là quelques éclats de soleil...

Malgré toutes ces précautions, il arrive bien sûr que la maladie vous rattrape. Alors, on sort la panoplie de remèdes des anciens, ces remèdes qui se transmettent de génération en génération.

Mal à la tête : une compresse sur le front d'*eau sédative* que l'on achète en pharmacie.

Une digestion un peu difficile : quelques gouttes d'alcool de menthe Ricqlès sur un sucre ou alors un rien d'arquebuse.

Pour redonner des forces aux convalescents ou aux fatigués un bon lait de poule. Un œuf du jour pris au nid, battu dans du lait chaud sucré. Avec en supplément, pour les adultes, une bonne cuillère d'eau de vie.

Pour les articulations douloureuses et le mal au dos, une bonne friction à l'essence de térébenthine et un petit sac de grains d'avoine -de *civa*- réchauffés à la flamme, devant le feu. Maintenu contre les zones douloureuses, il doit de sa douce chaleur apaiser quelque peu...

Pour calmer une rage de dents, les recettes sont multiples. Le mal étant rebelle, la plupart du temps on les tente les unes après les autres. Un coton imbibé d'alcool de menthe, d'eau de Cologne, de teinture d'iode ou d'eau de vie appliqué tout contre la carie. Parfois un comprimé d'aspirine finement écrasé, maintenu au contact de la gencive par un coton imprégné *d'aïgardènt*, d'eau de vie.

Pour les échardes de toutes sortes, on a toujours une réserve de poix, de *pedje*, dans un petit récipient. C'est le cordonnier, surnommé d'ailleurs *Pedjou,* qui l'offre à ses clients. On en met quelques débris durcis sur un petit bout de papier. On pose ce dernier sur la fonte chaude du fourneau. Et tout doucement il roussit, roussit. Son contenu ramollit, se ride... puis fond. Alors on l'approche de la partie blessée, délicatement. Et soudain ça plaque d'un coup. Aïe ! ça brûle un peu, parfois beaucoup... On tournoie sur soi-même, pour moins sentir la douleur. Le moment critique passé, on déchire le papier inutile et on enveloppe le doigt dans un pansement... Attention pas d'impatience : il faut que s'écoulent deux nuits au moins avant de défaire ce dernier. Mais quand on l'enlève : où est le mal ? Une peau un peu plissée, un peu blafarde... Mais plus d'écharde. Je crois encore aujourd'hui qu'il n'existe pas de meilleure recette... Pour les échardes sous l'ongle, difficiles à atteindre, j'ai toujours un peu de poix chez moi !

Pour les engelures -ce mal oublié de nos jours- qui vous gonflent les doigts et les orteils, qui vous démangent jour et nuit : le petit *couïnou* de lard. L'Eva, grimpée sur une chaise, taille de la pointe de son couteau, dans le grand pan de lard, une petite lamelle. Et on frotte et on frotte encore les parties tuméfiées...

Et puis, bien sûr, il y a toutes ces tisanes qui ont séché longuement au soleil, sur de vieux journaux. C'est la Sophie surtout qui fait le gros de la cueillette. Aujourd'hui encore, en les évoquant, ma narine frémit de toutes leurs senteurs mêlées :

la reine des prés et les queues de cerises pour faciliter l'élimination,

le tilleul pour un bon sommeil bien calme,

la tanaisie pour les vers,

les fleurs de sureau qui, infusées dans du lait bouillant, vous font transpirer un bon coup chassant ainsi les rhumes,

la mélisse pour le ventre,

les pensées sauvages que l'on boit en décoction. Avec de bonnes salades de *lentéïrous* (de pissenlits), rien de tel comme dépuratif de printemps !

Et le serpolet ? Ah ! Le serpolet, c'est autre chose, on ne dit jamais pourquoi il est bon. Il a la cote d'amour, tout simplement. C'est la tisane préférée de tous, à la maison... Parfois, à la veillée, on y verse quelques gouttes de vin rouge qui lui donnent un goût sûret... C'est sublime, avec un peu de miel, pour adoucir la gorge !

Et puis, il y a les tisanes que l'on achète : la verveine, la camomille pour faciliter la digestion, le boldo pour le foie....

3

Refroidissements, danger !

Il suffit d'éternuer deux ou trois fois... «Tu auras encore pris froid !» dit l'Eva. Il est cause de tant de désagréments, le refroidissement ! Disons-le, c'est un des ennemis principaux de notre santé.

Tenez ! Le mal à la gorge, par exemple : c'est souvent lui le responsable ! Heureusement, il y a le remède miracle : l'alcool camphré. On sort aussitôt le précieux flacon. On procède à une bonne friction, du menton jusqu'à la base du cou, dès les premiers symptômes. A renouveler plusieurs fois par jour... On s'enroule un bon cache-nez autour du cou. On fait quelques gargarismes à l'eau salée bien chaude et on avale une bonne tisane sucrée au miel. Voilà de quoi contrer les effets néfastes du refroidissement. Une forte odeur de camphre flotte dans la maison des jours durant...

Un peu plus tard, on fera des attouchements directs sur les amygdales, avec du «Gargil». D'autres utiliseront du «Bleu de méthylène». Un bout d'ouate enroulé à la pointe d'une aiguille à tricoter ! Une longueur de fil à coudre noué tout autour pour le ficeler. Et voilà le long bâtonnet maison ! Une main experte (celle de l'Eva, en général) le trempe dans le produit et le guide vers le fond de la gorge irritée qui lâche son «Ah, ah, ah, ah...» crispé. Je n'ai jamais été très courageuse : personne ne pourra jamais m'empêcher d'avoir peur d'avaler remède... et coton !

Si l'on se met à tousser, c'est aussi un refroidissement. Et dans ce cas commencent les traitements d'envergure. Quelques gouttes de teinture d'iode à boire dans du lait. Et puis tous ces remèdes, que je crains au moins autant que le mal. D'abord, la friction à la teinture d'iode -encore elle- sur toute la poitrine. Vous voilà coloré pour une semaine entière au moins. Avec en prime, bien mémorisés sur la peau, tous les trajets du tampon d'ouate... C'est qu'elle porte bien son nom, la teinture d'iode : pour une teinture, c'est une vraie teinture, qui tient solidement !

Pire encore, le révulsif ! Il vous brûle, des heures durant, de milliers de petites pointes de feu. Il y a aussi le «coton thermogène», cette ouate rouge qui vous enveloppe de sa chaleur nuit et jour, quelque bonnes quarante-huit heures durant. Son diable crachant du feu, imprimé sur une face de la boîte, attend toujours son heure, en bonne place, sur la cheminée. Mais en fait, il faut le dire, c'est encore lui qui a ma préférence ! Même si je crains que son odeur n'alerte tout le monde à l'école...

Il y a aussi les remèdes plus spécialement réservés aux adultes. Par exemple les cataplasmes à la moutarde et à la farine de lin. Préparés sur un linge fin, appliqués quasi brûlants sur la peau. Ils doivent venir à bout de toute congestion... C'est une sorte de torture imposée avec les meilleures intentions du monde : soigner et guérir. Peu à peu, ils seront remplacés par les sinapismes achetés en pharmacie. Médicaments du même genre mais qui -disent certains- ont abandonné une once de barbarie, en laboratoire.

Restent les ventouses... Je vois la flamme vacillante de la bougie enflammer le coton... Le verre se renverse d'un geste prompt sur le dos dénudé qui s'offre. Et, lentement aspirées, la peau et la chair bombent peu à peu dans le petit récipient, au fur et à mesure que la combustion absorbe l'oxygène... J'attends, un peu impatiente, le petit «flop» de l'air qui s'engouffre, lorsque le doigt libérateur appuie sur la peau tout contre le verre. Je languis que résonne le verdict final -pratiquement toujours le même- : «Elles sont presque violettes ! On peut dire qu'il en avait bien besoin ! Ça aura *tiré* le mal...».

UN BON COUP DE COLLIER POUR L'ETE

1

En route, faux et râteaux

Les premières lueurs de l'aube dessinent déjà la fenêtre sans volets, sur le vieux plancher de la cuisine. Elles viennent de gagner le lit-placard. Il est cinq heures. Le Firmin, tiré de son sommeil, met aussitôt pied à terre. L'Eva le suit. Le coq, frustré d'être devancé, s'empresse de lancer son cri.

Aujourd'hui n'est pas un jour comme les autres. On attaque les *sciailles,* la longue période des foins. Hier, le Firmin a déjà coupé le *praït-chou,* devant la maison, histoire de se faire la main et d'essayer sa *daille.* Puis il a *enchapé* celle-ci, longuement, finement, sur *l'èïre,* petite enclume métallique fichée en terre entre ses jambes écartées. Les coups de marteau sur la lame ont résonné, réguliers, clairs, une bonne demi-heure durant. Comme un écho, d'autres coups arrivaient des fermes d'alentour. Ici, quand on démarre les grands travaux, c'est quasi tous au même moment... et de la même façon.

L'Eva s'affaire. Elle a sorti le quignon de pain dur et le beurre, sur la table. Le café fume déjà dans les deux tasses, mises côte à côte. Le Firmin est allé faire son tour dehors. Elle entend ses sabots tâtonner sur la pierre du seuil. Elle sait qu'il a la main sur le loquet de la porte et qu'il se retourne encore une fois, pour mieux scruter le ciel, avant d'ouvrir. Elle a tant d'importance la météo, à la fauchaison ! De la même herbe elle peut *faire,* avec du soleil, un bon foin ou, avec des pluies répétées, une simple litière.

«Le tèns i drit, acoëï de bô !» dit le Firmin en entrant *«Tchaouro le tchapel !».*

Le café avalé, il accroche à son ceinturon, *la couèïre* en bois où trempe la longue pierre à aiguiser. Il tire cette dernière, toute dégoulinante, histoire de vérifier le niveau de l'eau.

«Elle est mouillée sur une bonne hauteur, ça va !». C'est qu'il faut bien doser la quantité d'eau du coffin ! Il en faut pour humidifier la pierre, certes... Mais point trop. Sinon, projetée à chaque coup de faux, elle déborde et trempe sans pitié vos *brayes*. Et de cela, on se passe volontiers !

Entre le pouce et l'index, il vérifie une fois encore, ce matin, le mordant de la lame. Puis le voilà parti, à pas mesurés, sa faux sur l'épaule. Une aventure commence, la longue et pénible aventure des «gros travaux» de l'été.

Il n'a pas fait un bien long bout de chemin, le Firmin, cent mètres à peine et pourtant il vient de s'arrêter. Il a posé sa faux. Juste en surplomb de la petite voie de chemin de fer. De ce point, il domine tout son espace. Je crois qu'il hésite un peu à y porter les yeux...

Le faucheur

Regardez- le : il tire de la poche de son veston de toile bleue, son paquet de tabac gris et son papier à cigarette. Il dégage délicatement de son élastique, une feuille du petit cahier «Riz Lacroix». Il la moule en gouttière autour de son index. Il dépose dedans, bien méticuleusement, un petit fagot de tabac frisé. Son attention se fixe sur ces brins récalcitrants qui rebiquent, qui *repitent*. Il les coince avec soin sous son doigt.

Pour un instant encore, il veut garder toute son attention sur le doux friselis du fin papier, savourer l'odeur du tabac qui chatouille sa narine. Un coup de langue de droite à gauche, juste à l'endroit où se chevauchent les bords de la petite feuille. Une caresse du bout de l'index... Et voilà la cigarette ! Irrégulière, dégonflée par endroits, elle pend mollement, tout au coin de ses lèvres.

Il sort alors le briquet à essence, du fond de sa poche, actionne la molette. Il y a le crac de la petite pierre et une flamme qu'un imperceptible souffle de vent couche un peu. Il incline la tête sur le côté, fait de sa main un abri à la petite flamme. La cigarette se tend pour aller la frôler. Il tire alors deux ou trois profondes bouffées... et lève les yeux.

Son regard balaie l'immensité du pré. Ce pré qu'il faudra couper sans aucune aide, andain après andain. D'abord toute cette étendue entre la voie ferrée et la rivière. Puis encore celle-ci, sur l'autre rive. Puis ce grand plat des «*Faous*» qui n'en finit pas de s'étirer. A peine pensable, pour nous aujourd'hui. Mais sa voix sourde me parvient à travers le temps : «Qu'importe petite, Paris ne s'est pas fait en un jour ! Pourquoi vouloir qu'un travail soit fini avant même d'être commencé ?».

Il soulève légèrement son chapeau, passe une main dans ses cheveux noirs -je le connais bien ce geste des moments de fatigue-. Puis très vite, il remet le chapeau en place, hisse la faux sur son épaule. D'un pas décidé, il descend vers le pré.

La «colle» des faucheurs

Tableaux de fenaison

Le voilà maintenant, le torse penché en avant... et c'est le premier balancement cadencé. La faux entre dans l'herbe haute. A chacune de ses morsures, monte le crissement régulier de l'andain qui verse... Après quelques rangs, il s'arrête. Il éparpille du bout de son sabot l'herbe humide du dernier andain. Celle-ci est serrée. Il ne s'est pas trompé : c'est bien une année de foin ! Une satisfaction immense monte en lui. A ce moment, je le sais, il est parfaitement heureux !

A la ferme, l'Eva s'active. Un peu plus encore qu'à l'accoutumée. Les gros travaux sont pour tout le monde ! Dès dix heures, elle aussi sera aux champs. Alors vite, vite...

Traire, donner aux cochons, aux lapins, aux veaux, aux poules, conduire les vaches en champ -la petite les gardera, mais il faut marquer *l'abroà* !-, faire les picodons et bien sûr, préparer le repas de midi et la soupe du soir -l'on ne rentrera qu'à la nuit tombée-. Ah ! J'oubliais... La chaudière ? Impossible aujourd'hui de la faire. Pour une fois, messieurs les cochons, vous mangerez cru ! Et voilà l'Eva partie en courant au jardin chercher quelques brassées de choux.

Il en était ainsi pour les femmes : les gros travaux s'ajoutaient tout simplement aux tâches quotidiennes habituelles. Et le soir, quand elles rentraient harassées de fatigue, suivant le dernier char de foin, elles avaient encore à accomplir ce que l'on appelle -souvenez-vous, je vous l'ai déjà expliqué- le travail d'écurie.

Faner un jour de temps en temps n'est pas forcément désagréable. Madame de Sévigné, qui regardait de loin les faneurs, l'a très bien dit : «Savez-vous ce que c'est que faner ? C'est retourner du foin en batifolant dans une prairie».

Il est vrai que le travail se fait souvent dans la gaieté. On s'interpelle joyeusement d'un champ à l'autre. On boit parfois un coup ensemble, entre voisins, lorsque le hasard amène à travailler proches les uns des autres, en limite des champs. On tire alors du ruisseau, la chopine de vin qui trempait dans l'eau vive, sous les *vernes,* et tout le monde trinque joyeusement. Les femmes et les enfants aussi, avec à la main, un verre de minérale ou de lithiné (une boisson pétillante préparée avec les sachets des sels lithinés du docteur Gustin). «Allez, à la vôtre !», «A la vôtre !», «Oui à la vôtre !».

Mais sécher et rentrer toute une récolte, voilà une tout autre affaire ! D'abord *déramer,* c'est-à-dire éparpiller, de la pointe du râteau, l'herbe des andains pour l'offrir aux rayons du soleil. Plus tard la retourner en la faisant sauter en l'air, pour bien éparpiller les brins. Et cela par beau temps, car si *on la mouille,* alors là mes amis ! Il faut la tourner encore et encore jusqu'à ce qu'elle soit enfin sèche. Alors vient le moment de râteler ce foin, en longues *cordes* odorantes. Puis, arc-boutés sur les râteaux mis côte à côte, l'on pousse à deux, sur les manches qui vous défoncent le bas du ventre. Et les *cordes* raccourcissent et s'enflent, s'enflent...

Le moment est venu d'atteler *la bouéïre.* D'une plume de poule trempée dans *l'émouchine* -un produit à l'odeur âcre, détestée des taons- le Firmin caresse l'échine des bêtes, leur tête aussi, entre les deux grands yeux. Et en route vers le pré. Enfants et adultes, tous ont déjà sauté à l'arrière du char. Les voilà assis, balançant leurs jambes dans le vide. Les plaisanteries vont bon train et l'on chante souvent. Drôles de voix secouées par les cahots des chemins, à moitié couvertes parfois par le bruit des cerclages ferrés des roues, sur les cailloux :

«Migno-o-onne, quan-and le soir des-cendra sur la ter-er-re
Et que le rossignol-ol viendra chanter encore,
Quand le ven-ent soufflera sur la verte bruyè-ère,
Nous i-irons écouter la chanson des blés d'or».

Dès l'arrivée au pré, tout le monde saute à terre. Sauf l'Eva. C'est toujours elle qui *fait les chars.* Experte, elle sait monter un chargement de foin large et bien équilibré. Un chargement qui traversera les rigoles du pré, qui encaissera les secousses du trajet sans vaciller. C'est qu'il ne s'agit pas de verser ! Pensez au travail supplémentaire qui en découlerait. Bien plus grave, les voisins se moqueraient : «Hé ! Père Philit, faudra payer un litre !»... Et faire rire le monde, ici, c'est presque un déshonneur.

Le Firmin soulève d'énormes fourchées qui viennent s'abattre juste entre les bras nus de l'Eva. Une brassée à droite, une à gauche, la suivante au centre. Elle les éparpille un peu, écarte au passage un chardon ou une tige de *varaïre* -toxique pour les bêtes, cette plante !-. Elle tasse avec les pieds. Et d'une *corde* à l'autre, elle s'élève, s'élève, en même temps que le chargement. Derrière le char, on s'active à râteler. Et jusqu'au dernier brin. Le pré doit être net. Là aussi il y va de son honneur !

«*N'y à prou* !» a dit le Firmin. Il a posé la fourche et déroulé la grosse corde attachée à l'avant du char. Il la lance, presque comme on lance un lasso. Vlan ! Vers le sommet du chargement. La main preste de l'Eva l'a saisie. «Un peu plus à droite !... Non, un peu moins !... Ça y est presque !» Planté devant l'attelage, le Firmin guide, avec des gestes de la main. Bientôt, par ajustements successifs, la corde trouve sa place exacte. Juste au milieu. Alors l'Eva l'entraîne jusqu'à l'arrière et la laisse tomber.

Le Firmin l'enroule sur le cylindre de bois. Vous savez, ce cylindre de bois placé à l'arrière de chaque char, percé de deux trous, et qui permet le *billage de la charrée,* comme on dit. Il décroche *la bille.* Je vous sens perplexe... Je le suis aussi.

Expliquer ce qu'est une *bille* n'est pas chose facile ! C'est une tige métallique qui permet de faire tourner le cylindre. Je vois le Firmin qui la place dans un des trous, s'appuie sur elle de toutes ses forces. La retire pour l'introduire dans l'autre. Se suspend à elle de tout son poids. Et recommence... Un demi-tour, un autre, un autre encore... Tendez l'oreille : le bois des ridelles souffre. Regardez, la corde qui se tend, qui s'incruste dans le foin. La charrée est amarrée.

Quelques légers coups de râteau, de haut en bas, sur chacun de ses flancs. Histoire de faire tomber ces quelques touffes qui s'accrocheraient en festons aux buissons du chemin. Et la voilà bien *peignée* ! L'Eva assise au bord du chargement peut maintenant tendre les mains au Firmin, et ainsi soutenue, se laisse glisser à terre.

Un coup de mouchoir pour s'éponger le front. Un canon pour se rincer le gosier. «Allez, Greille, Barda !». La *charrée* s'en va en cahotant, vers la grange. Le temps de décharger, et la même aventure va recommencer... S'il reste encore du foin sec, pour aujourd'hui, bien sûr !

Les *sciailles* : La fauchaison ; La *daille* : La faux.

Praïtchou : Petit pré.

Enchaper : Battre la lame à coups de marteau pour affiner le tranchant.

Le tèns i drit, acoëï de bô : Le temps est «droit», il va faire beau.

Tchaouro lou tchapel : Il faudra le chapeau.

La couèïre : Le coffin en bois qui contient la pierre à aiguiser.

Les brayes : Les pantalons.

Repiter : Se débattre.

Cordes : Tas de foin tout en longueur.

Vernes : Aulnes.

Varaïre : Vératre (liliacée à larges feuilles ovales dangereuse pour les animaux)

N'y à prou : Il y en a assez ; *Prou* : Assez.

2

L'or des moissons

Ces *blés* -ce sont des seigles, mais ici on dit les blés- qui ondoient au moindre souffle, quel souci ! Quand le soleil tape fort, ils peuvent changer de couleur d'un seul coup. Un beau matin, c'est fait, il n'y a plus qu'à le constater : ils ont viré au doré ! Alors, la moisson est imminente.

Depuis plusieurs jours, le Firmin était inquiet. Alors qu'il descendait le chemin cahotant, devant son attelage, ramenant le char vide vers le pré, il jetait un regard, là-bas, loin, en direction de son champ des «Faous». Pas une seule fois, il n'y manquait. Et l'incertitude était toujours là : il ne savait s'il aurait le temps de terminer la fenaison, avant d'attaquer la moisson. C'est que cette dernière impose ses dates, impérativement ! Moissonner trop tôt, c'est risquer d'avoir des grains qui fermentent dans les greniers. Trop tarder c'est s'exposer à voir *vouïrer* son blé. Ils sont tant secoués, les épis, lors de la moisson ou lors de la rentrée des gerbes que, trop mûrs, ils perdent quantité de leurs grains. Il faut à tout prix éviter un tel gâchis.

Faire les «chemins», lier les gerbes

Le Firmin languissait que le dimanche arrive, pour aller voir les épis de près, écarter les barbes dans la paume de sa main, faire craquer entre ses dents un grain et ainsi savoir.

L'on a toujours le temps le dimanche. Pas question, ce jour-là, de travailler aux champs ! Sous aucun prétexte ! Depuis un an ou deux, il est quelques voisins qui attellent parfois leur *boueïre,* histoire de rentrer un char ou deux. Seulement si l'orage menace, bien sûr ! Mais, même dans ce cas, le Firmin n'est pas d'accord : c'est le jour du repos ! La Bible le dit : «Tu travailleras six jours et tu feras tout ton ouvrage. Le septième jour est le jour de l'Eternel, ton Dieu : tu ne feras aucun ouvrage, ni toi, ni ton fils, ni ta fille, ni ton serviteur, ni ta servante, ni ton bétail...».

Et s'il arrive, un dimanche, que le père Vey lance, en passant avec sa *boueïre* : «Vous allez mouiller votre foin, Père Philit !» «Tant pis, répond le Firmin, *Aquelo qué le molià, l'isuàrà bè maï !*» -Celui qui le mouille, l'essuiera aussi !-.

En fin de compte, la traverse -ce vent qui accélère tant la mâturation des épis- ne s'est pas mise de la partie. On a eu le temps de faire la *reboule* des *sciailles.* Le Firmin a même eu deux jours de répit. Le temps d'huiler sa moissonneuse, de prévenir ses voisins co-équipiers et, j'oubliais, de faire les *chemins* de ses blés.

La moisson ne se fait pas, comme la fauchaison, en solitaire. On travaille à trois familles, avec échange de services. C'est qu'il faut du monde pour lier les gerbes derrière la machine... Il faut aussi des attelages solides pour tirer celle-ci et supporter ses vibrations. Le Firmin possède la machine, ses co-équipiers, qui font des charrois de *butes* en hiver, de bonnes *boueïres de curges* (les curges sont des vaches non laitières).

Des vaches qui travaillent trop, le Firmin le sait, produisent moins de lait, il arrive même qu'elles *s'agouttent.* Les vaches de ses propres attelages sont aussi ses laitières : alors c'est tant mieux si elles sont un peu moins sollicitées !

On s'est mis d'accord, pour le jour et l'heure du démarrage... De toute façon après la levée de *l'igagnà.* Chacun sait que l'herbe mouillée colle à toute lame ! Il reste à préparer le champ. Autrement dit : autour de celui-ci, dégager un passage, pour l'attelage et la machine -celle-ci tourne autour du champ, pour finir en son centre-. Il faut faire, à la main, *les chemins* ou *les tours*, comme dit le Firmin. Cela se fait avec une faux armée d'une sorte de râteau de bois, pour retenir les tiges coupées et éviter ainsi de les voir s'affaler.

Au rythme cadencé de la faux qui avance, les longues hampes aux têtes lourdes s'inclinent à peine, s'appuyant délicatement contre celles qui n'ont pas été touchées. Mince paroi de tiges coupées de leurs racines, colorée du rouge de quelques coquelicots et du bleu des bleuets. Et voilà l'Eva qui vient les lever. Une brassée après l'autre, en javelles, qu'elle laisse sécher un peu au soleil, avant de les lier.

En ce début d'après-midi, la machine vient d'entrer dans le champ. Le moment est arrivé. Des cris résonnent. Des rires éclatent çà et là. Une voix chasse le chien -«*Aou tchi !*»- qui, inconscient, s'approche trop près de la lame. A l'ombre d'un genêt, l'Eva installe les litres de boisson et le panier du goûter.

Les lieurs se sont dispersés sur le pourtour du carré de seigle. A peu près à égale distance les uns des autres. Et dès le premier passage de l'engin, les voilà courant sous le soleil, d'une javelle à l'autre. Et chaque fois, c'est un pied qui se pose sur celle-ci et la maintient ferme. Une main qui saisit, au niveau des épis, une poignée de tiges, et qui tire d'un coup sec, créant ainsi le lien.

Les pailles, les barbes des épis, les chardons piquent, mais qu'importe ! Les bras encerclent la javelle, pour l'entourer du lien. Les mains prestement entortillent ensemble les deux extrémités. Un coup de genou pour bien serrer. Et la gerbe est liée. Han ! Elle est lancée hors du passage . Car elle arrive de nouveau la machine ! C'est fou comme elle a vite fait un tour quand vous avez huit ou dix gerbes à lier. Et il faut tenir le rythme... Si la machine vous rattrape, «Un litre à payer !» vous dit-on... Et les quolibets vont bon train.

Tirer la *bouèïre*, c'est mon travail. Je me suis emparée de *l'agulhià.* Pas de vraies difficultés, sauf aux angles du champ. Attention, en reculant, en tournant. Attention au trajet des roues, aux pieds des animaux ! Une frange de tiges est tellement vite foulée. Et cela, il ne le faut à aucun prix. Gare au gage ! Et surtout ça fait désordre. Cela a dû arriver quelquefois. Mais, discrètement, en l'espace de rien, une main les a arrachées ! Le Firmin, derrière moi, a tendu le râteau et le bras...

En ligne droite, j'ai mes repères à moi : il suffit que le flanc de *Nà-Blanc* frôle les épis du bord, sans jamais s'écarter, et ça marche. La lame cliquette. Le Firmin, assis sur le siège de la machine, canalise les tiges avec son râteau... J'entends régulièrement le clac de la claie de bois qui s'abaisse. Je sais la javelle qui vient de tomber. Je sais le mouvement du genou de mon père, pour la lâcher. Nos voix résonnent. La mienne, la sienne, à peine décalées parfois : «*Nà Blan, Chaillà*, allez».

De temps en temps, il faut laisser souffler les bêtes. C'est elles qui imposent le rythme. Alors les mouchoirs à carreaux, sortis des poches, essuient la sueur des fronts. Un bon canon de rouge rince les gorges desséchées. Mais ça repart bien vite. Pour un vrai moment de repos, il faudra attendre le *quatre heures*. «Comme d'habitude, a dit le Firmin, quand la *micheline* aura descendu. Aux environs de cinq heures !». Nous n'avions jamais de montre dans les champs. La micheline, les trains, et la hauteur du soleil au-dessus de l'horizon -une largeur de main tendue à bout de bras égale une heure- étaient nos repères et l'on se trompait peu.

Le goûter au champ est un vrai régal ! Je vois le torchon se déployer sur l'herbe. Les grosses tartines de *tourte* que le Firmin tranche en tournant, avec son Opinel. Le saucisson qui passe de main en main, surveillé par le chien qui attend les peaux. Le beurre au fond d'un bocal rempli d'eau fraîche -afin de résister à la chaleur-. L'omelette point trop baveuse. Les bons picodons faits à point avec les quelques *artisous* qui s'agitent. Et les conversations qui accompagnent le tout joyeusement....

Le «quatre heures» dans les champs

Quand enfin, perdues en plein milieu de *l'estoublà*, il ne reste qu'une bande de tiges, que la machine fonce droit dessus pour les couper, c'est l'effervescence.

Les dos se déplient. Les langues à nouveau se délient. Et les mains dessinent le trajet de la caille qui, tout à l'heure, s'est envolée. Son nid doit être par là. Un peu plus à droite, un peu plus bas... On erre de ci de là. Et soudain... les voilà bien nichés dans un trou du sol, les trois petits œufs tachetés que la mère a dû abandonner ! On se penche pour mieux voir, mais on sait que l'irréparable est accompli.

C'est un des moments d'émotion de mes dix ans....

Champ de «plongettes»

Ensuite, alors que soufflent les bêtes, c'est le rassemblement des gerbes en *plongettes*. Trois gerbes dressées en pyramide, les épis en l'air. Aussitôt, de tous côtés, d'autres arrivent, portées à bout de bras. Elles viennent s'appuyer au fragile édifice : délicatement d'abord, puis de plus en plus fermement. Et l'ensemble se consolide. La *plongette* arrondit peu à peu son petit dôme d'épis entrecroisés. Alors, ici, là, partout, se rejoue la même scène, au son des rires et des cris. Et bientôt une multitude de *plongettes* dorées ont poussé éparses sur le chaume. La paille pourra sécher tranquillement, et les épis isolés du sol, ne germeront pas.

La rentrée des gerbes

La moisson achevée, une bonne semaine après commence la rentrée des gerbes. On défait les plongettes pour exposer les gerbes au soleil. On s'en vient retourner celles-ci sur le sol... Une fois, deux fois... Affaire de météo ! Puis arrive le char. C'est le Firmin qui fait les charrées, bien carrées, les épis vers le milieu.

Tout d'abord, on pose les gerbes, au pied du Firmin. Puis on les tend à bout de bras. Puis à bout de fourche. Comme pour le foin, on arrime le chargement avec la corde. Et rendez-vous à la grange, pour *faire l'abaout*.

Il s'agit d'arranger, en couches successives les gerbes, au-dessus du foin. Tassées les unes contre les autres, jusqu'aux poutres de la charpente.

Bien faire *l'abaout* n'est pas chose simple. Du char, quelqu'un lance les gerbes. Et c'est la chaîne : celles-ci passent de mains en mains jusqu'au Firmin. La poussière prend à la gorge, dans cet espace confiné. Les pailles meurtrissent tout espace de chair apparent... Mais impassible, sans mot dire, le Firmin, à genoux, travaille. Epis dans le bon sens. Arrondis des angles. Double rangée en bordure. C'est presque de l'art... Et tout sera détruit, le jour de la batteuse... Très bientôt !

Vouïrer : Perdre ses grains.

La reboule des sciailles : La fin des fauchaisons. A noter que toute reboule était une fête.

Butes : Troncs d'arbres écorcés, prêts à la vente.

S'agoutter : Ne plus donner une goutte de lait.

Igagnà : Rosée.

Agulhià : Aiguillon.

Le quatre heures : Le goûter.

La micheline : L'autorail.

Artisou : Petit asticot qui se développe dans la croûte des picodons.

L'estoublà : Le champ de chaumes.

3

La batteuse

On en parle depuis des jours et des jours. La batteuse va venir. Et la journée batteuse, c'est l'événement phare de l'été ! Déjà l'Eva sort les tréteaux, brosse les planches qui, appuyées à leurs extrémités sur des chaises, deviendront bancs... voire mises côte à côte, dessus de tables.

Le Firmin vérifie les gros sacs de toile brune qui contiendront le grain. Certains ont besoin d'un raccommodage. On les porte aussitôt à grand'mère Sophie. Il prépare aussi des liens, très longs, faits de deux poignées de seigle nouées bout à bout, au niveau des épis.

Ronfle, la batteuse !

Il complète sa liste de participants. Il l'a maintes fois corrigée. Des noms sont barrés, d'autres griffonnés en marge, d'autres précédés de points d'interrogation. C'est qu'il faut un nombre important d'hommes valides. Vingt-deux, vingt-trois, vingt-cinq peut-être. Et chacun à sa place, exactement à son poste, le moment venu. Le monstre ne badine pas.

Tous les voisins seront là. A charge de revanche, bien sûr. Alors le Firmin relit la longue file des noms.

Un costaud, pour lever les gerbes à bout de fourche et les jeter sur la machine. Le Marcelou fera l'affaire.

D'autres, dans la chaleur de la grange, pour envoyer les gerbes du haut de *l'abaout* juste aux pieds de ce dernier. Des jeunes, c'est mieux !

Quelqu'un aux gestes rapides, à l'œil vif, pour *engrener*. Perché sur un marchepied, avec un grand coutelas bien affûté, il aura à trancher les liens des gerbes avant d'éparpiller les tiges et d'enfourner celles-ci dans la gueule de la batteuse. Il faut bien le choisir celui-là, sinon gare aux accidents ! Bien choisir aussi son assistant qui lui tendra les gerbes, toutes tournées dans le bon sens, à portée de... couteau.

En bas, au cul de la machine, par équipe de deux, les lieurs. Les plus vieux à ce poste ! Le Père Moulin, le Père Ferrier, le Père Paya, l'Arthur de chez Grand... Ils recevront à pleins bras tendus la paille battue, malmenée. Ils en feront d'énormes *cluasses*, avec les liens posés près d'eux. Puis han ! D'un mouvement bien coordonné de leurs deux fourches, ils enverront rouler celles-ci sur le côté. D'autres les entasseront un peu à l'écart. Un autre surveillera le grain coulant dans les sacs attachés au flanc de l'engin.

Quant à lui, le Firmin, *mountaro lou blà* (il montera le blé). Il portera les sacs, les uns après les autres et ira les vider dans les greniers, tout là-haut, dans la partie surélevée de la grange. Voir s'emplir de grains, ces espèces de grands placards de bois, quel bonheur !

La veille du grand jour, à la tombée de la nuit, l'animation bat déjà son plein. Certains ont attelé leur *boueïre* pour aller chercher les engins : la batteuse et son moteur. Trois paires de vaches au moins sont nécessaires : deux pour tirer la batteuse et l'autre pour le moteur.

«Allez *Bardà* ! *Anènt..*». D'écho en écho, résonnent des encouragements. Dans les montées, les cris se font plus pressants : *«Greilla ! Vaï ! Bardà ! Zou !»*. Et soudain, une côte un peu plus raide, de la boue sur le chemin... C'est l'arrêt net. On gesticule, on s'interpelle. On jure un peu aussi. «Une pierre ! Bon dieu, mettez une pierre ! Calez la roue ! Une branche dans l'ornière !». Pour le coup, *l'agulhià* appuie plus fort sur le joug. Elle se fait insistante. Elle se tend, avance de plus en plus loin, jusqu'au col des bêtes... Et pique. «Allez ! Allez !». Les animaux s'arc-boutent dans un effort suprême... Tout repart.

En haut de la côte, on laisse reposer les attelages et... on avale d'un trait (rien de tel pour se remettre de ses émotions !) un bon canon de rouge.

Séparer le bon grain de la balle : en route le «ventor» !

A l'arrivée, près de *la levée de grange,* c'est au tour des *machinistes* de s'affairer. Bien caler les roues, surélever ici, encore un peu là. Un coup de burette à donner. Installer la grande courroie qui du moteur transmettra le mouvement à la batteuse. Puis, l'un se penche, incline la tête et cligne de l'œil plusieurs fois. Et quand il agite les bras en signe de satisfaction, on sait que tout est de niveau. Un toussotement du moteur, c'est le coup d'essai. Tout est fin prêt.

La nuit qui précède la batteuse l'Eva et le Firmin ne dorment jamais très bien. Ils ont trop de souci. L'Eva a cuisiné jusque tard dans la nuit. Mais peu importe, ce matin, elle ne sent pas la fatigue. Pour l'instant, elle prépare deux grandes cafetières de café. Et voilà que déjà les premiers arrivent. Et les plaisanteries commencent autour du café brûlant que l'on souffle un peu.

C'est la fête. Oui, la batteuse est toujours, malgré la fatigue, une fête. Tous ensemble, entre hommes, tous les voisins se retrouvent. Et c'est bien là, avec les enterrements, les seules occasions de l'année. Mais lors des enterrements, c'est surtout de la tristesse que l'on partage. Tandis que pour ces travaux de battage, il y a le plaisir de l'entr'aide, la joie de la rencontre. L'on peut être un peu grivois, et même le soir venu, un peu gris. Personne n'y trouve rien à redire ! C'est admis !

Soudain une pétarade du moteur... Et la cuisine se retrouve immédiatement vide. Chacun a déjà rejoint son poste. Des gerbes s'abattent sur le sol. D'autres s'élèvent. Il pleut des grains. La paille, comme un flot ininterrompu, coule des palettes de la machine, accueillie par des bras qui prestement se relaient. Des sacs passent sur des dos écrasés par le poids.

Et ça cliquette et ça ronfle et ça ferraille à ne plus s'entendre parler. Plus personne ne parle d'ailleurs.

Et par tous ses orifices, le monstre crache sa poussière. Elle poudre casquettes et vestons. On la respire à pleines narines. Elle brouille la vue. Elle assèche les gorges.

«Il faudra bientôt faire boire !» dit le Firmin. Aussitôt, me voilà partie, avec deux bouteilles, l'une de vin, l'autre de *minérale* et deux verres. Les mains se tendent les unes après les autres. Je remplis des verres, qui se vident d'un trait. Et ils me reviennent aussitôt, après avoir été énergiquement secoués vers le bas, pour bien chasser la dernière goutte. Croit-on éliminer en même temps les microbes ? Je ne sais. Mais c'est toujours ainsi que l'on fait.

A la porte de la grange, les fourches s'écartent légèrement, pour me laisser passer. Je me glisse à l'intérieur. Il me faut emprunter un étroit passage, dans le foin, contre le mur, grimper par une petite échelle pour arriver tout là-haut, juste sous la charpente, sur l'épaisse couche de gerbes arrangées avec art, *l'abaout.* La poussière et la chaleur prennent à la gorge. Mais il y a des cris de joie pour acclamer la boisson et bien sûr... la serveuse. Quelques œillades aussi. Je vous l'ai dit : là-haut, sur *l'abaout* sont les jeunes ! Une plaisanterie partie d'en bas, nous arrive à moitié étouffée par le vacarme. Tant pis si elle est incompréhensible, elle nous est destinée, alors on rit quand même.

Quand le monstre a avalé la dernière gerbe, quand enfin cesse le vacarme, chacun déplie son dos. On secoue les casquettes. On s'en va enfin pisser un coup, derrière l'immense tas de bottes. On boit une rincelette, et les conversations reprennent. Puis l'on se dirige vers la grande table de fortune. Le repas de la batteuse peut commencer. Il sera abondant, comme toujours : c'est de règle. Il remercie en quelque sorte chacun, pour tout le travail accompli.

C'est un moment de vraie fête. Les visages s'illuminent et les langues se délient de plus belle. Commentaires grivois sur le comportement de tel ou tel, plaisanteries un peu lourdes, dictons, blagues. Et un canon de rouge aidant, toujours ces grands rires qui traduisent la joie partagée.

«On se fait tout un souci, et c'est bien vite passé !», disent entre elles l'Eva et la Sophie, soulagées, en débarrassant les tables. Pour elles le battage est terminé. Pour le Firmin, il en est autrement... Une quinzaine de jours durant, il suivra la batteuse de maison en maison. Dans la poussière, dans le bruit, avec la fatigue accumulée. Pour l'instant, il est là, debout, dans le tas de débris laissés sur place. Dans le creux de ses deux mains, une poignée de grains... Il fait rouler ceux-ci de droite à gauche, sans les quitter des yeux. Il souffle un bon coup pour chasser la *poue* -cette poussière de paille et de balle mêlée-.

Le grain est mûr, le grain est sec : c'est une bonne année ! Il est heureux.

Engrener : Donner du grain à la machine.

Cluasse : Botte.

Levée de grange : La grange étant située au-dessus de l'écurie, son accès était toujours assez raide et difficile pour les attelages : c'était la «*levée de grange*».

...Et toujours «igrameler», enlever ce chiendent tenace...

L'épandage du fumier

Par nos monts et nos vaux, à chaque saison ses travaux

1

Planter, semer, préparer demain

Dure période, l'été. Debout dès que pointe l'aurore, couché à des heures tardives, l'on est écrasé de fatigue. Mais il y a la luminosité du ciel, l'entr'aide dans la joie, la rencontre... La vraie vie quoi !

Autour de cette parenthèse de l'été, les autres saisons paraissent bien calmes. Les travaux s'enchaînent, les uns après les autres, sans bousculade. Très divers, parfois de courte durée. Cependant aucun n'est sous-estimé : chacun a son importance.

Dès qu'arrive le printemps, ce sont les prés qu'il faut *épierrer*. Le fumier étalé à leur surface, à base de paille, certes, mais aussi de litière tirée des bois, peut contenir quelques cailloux. En hiver, en déblayant la neige, les pelles des cantonniers du C.F.D (chemins de fer départementaux) déstabilisent des pierres, entre les traverses. Certaines *débaroulent* alors, dans les prés en contrebas. Cela suffit à ébrécher les lames des faux, le moment venu. Aussi dès le mois d'avril, femmes et enfants, panier au bras, s'en vont pour une cueillette peu ordinaire : la cueillette des pierres.

Rien ne les empêche de cueillir, aussi, un petit bouquet bien serré de ces belles *barbelottes* qui commencent à percer, auprès des ruisseaux. Et l'on ne s'en prive pas. A l'intérieur de chaque ferme, l'or de ces boules de jonquilles dit à tous la belle saison.

C'est le moment *d'abéaler*, c'est-à-dire de creuser les rigoles des prés. Tout un réseau de petits *béals*, qui permettent un arrosage bien réparti. Et qui drainent les champs, empêchant ainsi la formation des *narces* -ces joncs et ces herbes dures qui n'attendent que les eaux croupissantes pour croître-.

Il est très important, l'arrosage. Réglementé dans certains endroits, il arrive qu'il devienne sujet de litige. Entre voisins de chez nous, litige est un bien grand mot : disons plutôt tiraillements.

Jour de foire

J'ai souvenance d'un petit *riou* dont nous devions partager l'eau avec la Léontine, notre voisine. Quatre nuits et trois jours pour nous. Quatre jours et trois nuits pour elle. Tout était précis : le jour de prise d'eau et l'heure indiqués clairement par écrit !

Le moment venu, hop ! Un coup de pioche : cela suffisait pour que sautent les mottes du petit barrage. L'eau suivait alors son cours vers les *béalières* de nos prés. Quatre jours après, la Léontine le remontait, gardant ainsi la précieuse eau.

Mais ici tout le monde le savait depuis longtemps : elle aimait les tricheries, la Léontine ! Même pour un peu d'eau.

«Tiens, s'exclamait le Firmin, qui veillait de loin, la Léontine a encore perdu son calendrier !» ou «Encore un coup de la pendule de la Léontine. Voilà qu'elle avance de deux heures !...».

Le ton variait. Cela dépendait si la sécheresse durait depuis longtemps ou non. Il pouvait être simplement railleur ou déjà mécontent... Mais toujours, dans le regard qui s'accrochait aux rigoles privées d'eau, s'allumait une lueur de reproche...

Il y a les jardins à bêcher. On plante, on sème et on joue un peu à qui aura les plus beaux légumes. Ici, après avoir bu un canon ou un café, tout visiteur a droit à la visite du jardin. Un peu comme ailleurs, on présente la maison récemment aménagée...

Puis il y a les immenses carrés de choux à planter ou, disons plus justement, à repiquer. On engraisse plusieurs cochons qu'il faut nourrir de longs mois. Qu'en serait-il sans les choux et les pommes de terre, base de leur alimentation ?

Un lundi matin, au marché de Saint-Agrève on se presse auprès des paysans des Boutières qui ont tiré de leurs *plantiers* les fragiles plants de choux qui gisent là, ficelés en petits paquets déjà un peu flétris. On retourne ces derniers. On examine les racines.

L'achat conclu, il faut penser au transport. On sait qu'il y a le voisin, le Père Ferrier avec son cheval et sa carriole ! Toujours bénévole. Chacun lui paie un canon au café de la place. Vous comprenez, on lui doit bien ça ! On charge les paquets dans la carriole. Et sur le coup de deux heures -Eh oui ! on a traîné un peu plus...-, hue !

Quelquefois l'on a aussi *chargé* une légère *cuite*. Que voulez-vous, chacun sa tournée, ça fait quelques canons ! Et c'est ainsi que l'on rentre plus joyeux ou plus susceptible que d'habitude... Histoire de tempérament. Et comme chacune des femmes connaît bien son chacun, à l'arrivée, aucune n'est dupe. Elle comprend aussitôt qu'il a fait *ribote*.

La «patcho»

Plantation de pommes de terre

Arrive enfin le moment de *faire les trifoles* -les pommes de terre-. Dans les granges, agenouillées sur les *bourèncs* de grosse toile, les femmes s'affairent déjà à les *couper.* A préparer les petits *taillous,* avec chacun leur germe. Quand je vous parlerai de la grand'mère Sophie, je ne pourrai pas m'empêcher de vous présenter ce tableau d'un autre temps. Tableau dont elle est pour toujours la vedette, dans ma mémoire. Alors arrêtons là, pour l'instant...

Dans le champ, le Firmin a étendu le fumier.

Il a attelé sa *bouèïre bien donde.* Un attelage si bien dressé qu'il sait avancer sans écart aucun, droit le long de la raie avec, pour seul guide, la voix du maître.

«Allez, zou !». Le sillon se creuse au rythme des animaux. Penchée sur le manche de son *puar,* l'Eva, à reculons, suit la charrue. A petits gestes pressés, elle ratisse sur une étroite bande. Les crissements de l'outil, sur la terre caillouteuse, se bousculent. Prestement, les dents crochues ramènent les débris de fumier pour les précipiter tout au fond de la raie.

Derrière elle, suit l'arrondi d'un dos. Il avance, par saccades successives. Une forme toute noire. La Sophie : sans aucun doute, c'est elle ! Pliée en deux, panier au bras, elle déambule dans la petite tranchée. Un pas, un court arrêt, le temps d'enfoncer, dans la terre retournée, juste au-dessus du fumier bienfaisant, un de ces *taillous* qui germera bientôt... Un pas, un nouvel arrêt... Et ainsi de suite, sans se redresser, jusqu'au bout du champ.

Là, on souffle. Bêtes et gens. Le Firmin roule sa cigarette, pulvérise une motte d'un coup du talon de son sabot. La Sophie et l'Eva, lentement se déplient. Leurs mains se plaquent sur le haut des hanches. Elles le savent : elles auront les *hantchous* demain, c'est sûr ! Après le repos de l'hiver, il faut que le corps s'habitue. Pour l'instant, il souffre. Mais la terre est humide, juste ce qu'il faut, c'est la bonne lune : on fait du bon travail. Là, est l'essentiel.

L'Eva s'est emparée de *l'agulhià. «Greillà, anènt ! Na-Blanc !»*. Elle dirige les vaches, dans le virage. Le Firmin soulève le lourd brabant, et le retourne. Et on repart dans l'autre sens, pour un nouveau sillon...

Barbelotte : Jonquille

Riou : Ruisseau

Faire ribote : Faire la fête, boire un peu trop.

Charger une cuite : Se saoûler.

Couper les pommes de terre : C'est découper des « *taillous*», des morceaux du tubercule autour d'un germe, pour les planter.

Une vache donde : Une vache dressée au joug.

Puar : Fourche recourbée ou croc.

Hantchous : Courbatures très précises au bas des reins.

2

Semailles

Septembre s'annonce. La batteuse, en quittant *le pays*, a signé la fin de l'agitation de l'été. On prend alors le temps de souffler un peu... Déjà les jours sont plus courts. Le soleil a perdu de sa chaleur. Le bleu du ciel se fait frissonnant.

Un matin, alors que le vent du midi se lève, le Firmin se surprend à espérer la pluie. Elle est tournée, la page des grands travaux de l'été. Voilà qu'il songe déjà aux futures semailles. Il se sent prêt à *attaquer* les labours.

Sur les chaumes qui virent au gris, bientôt s'arrondissent les dômes des *foumourasses,* parfois encore fumants -petits tas de fumier épars-, qu'il tire de son tombereau suintant de purin.

Tout au long de l'été les fosses se sont remplies, il faut transporter, voyage après voyage, leur précieux contenu dans les champs. C'est lui, l'engrais qui vous fera un bon seigle, le seul engrais utilisé... Enfin, presque !

Pour tout dire, Le Firmin sème aussi des *pois de loup,* sur certaines parcelles. De leur vrai nom, lupins. Il paraît que c'est un bon fertilisant ! Quand j'avance devant le double attelage -on utilisait deux *bouèïres* pour tirer la charrue-, ils dressent leurs grandes hampes de fleurs blanches vers le ciel. J'aime la caresse du velours de leurs pétales sur mes mollets de petite fille. Quelques secondes plus tard, hélas, ils basculent, déchiquetés, lacérés, à moitié enterrés, sous le soc de la charrue. Et les tronçons de leurs pauvres tiges brisées pointent désespérément dans le champ labouré. Comme une sorte de revanche, pour qui aime les sillons bien nets.

Le Firmin a préparé la première *lia.* Il a éparpillé, du bout de son *puar,* le fumier, sur une surface pré-déterminée. Partout. Bien régulièrement. Une *lia* ? C'est l'étendue qu'un double attelage de vaches peut labourer, en une fois, sans fatigue excessive. L'unité de labour, si vous voulez ! Dix-huit raies, en général... Je n'aimais pas *tirer la bouèïre,* alors vous pouvez me croire, j'en ai tenu le compte bien souvent !

C'est toujours en *lias* que l'on évalue le travail qui reste à accomplir : «Il reste sept ou huit *lias* dans la terre des Faous. Il y en a bien quinze, dans celle du Chalayou !»... Long travail, qui se fait tout lentement : une *lia* le matin, de sept à neuf heures environ, une l'après-midi. Chaque jour...

En prime, bien sûr, l'on fera *la taouvère.* Signe d'un travail soigné. A chaque bout de sillon bien droit, bien net, on soulève la lourde charrue à double soc, on la retourne. Et le *brabant* -cette marque est devenue son nom usuel- écrase sous son poids quelque peu la terre. On piétine aussi. La pointe du soc égratigne les mottes du talus. *La taouvère* c'est le remède à toutes ces imperfections ! Quelques longues raies, tracées en travers, au bord du talus, sur toute la largeur du champ, quand ce dernier est entièrement labouré. Avant d'emmener la charrue, avant de le quitter ! Quelques raies qui fignolent, qui embellissent, qui parachèvent le bel ouvrage.

Je trouve délicieuse l'image employée par les gens de chez nous, quand, à soixante ans, ils disaient, de l'humour plein les yeux : «Cette fois ça y est : nous voilà dans la *taouvère* de la vie !».

Après les labours, les semailles. Plusieurs opérations vont s'enchaîner.

D'abord *seilhouner,* découper son champ en bandes d'une largeur de six pas (en *seilhous*). Voyez le Firmin avec son petit fagot de paille sous le bras.

Une touffe de paille piquée ici, une autre quelques pas plus loin, une autre encore bien dans l'alignement. Il délimite ainsi avec soin chacune des bandes.

Puis semer. Pas facile «le geste auguste du semeur» ! Jeter des grains à la volée : cela n'est rien, mais être sûr de bien les répartir, uniformément : voilà une tout autre affaire. Impossible de juger avant que le blé ne lève. Chaque *seilhou* balisé est un guide précieux. C'est l'espace à recouvrir de semence, en un aller et retour du semeur.

Le semoir en bandouillère, bien appuyé sur le côté droit, voilà le Firmin parti. Il rejette le buste un tant soit peu en arrière. Un de ses talons frappe le sol et sa main plonge parmi les grains. Le bras se déploie largement. L'autre talon frappe à son tour, et la main s'ouvre. Le voilà l'ample mouvement du semeur, qu'il va tant de fois répéter.

Maintenant, *trineler* et *aplaner.* Les deux opérations vont de pair. Un attelage griffe en surface avec le *trinel,* petite herse aux dents non recourbées. Et les petites mottes volent en miettes. Et les grains se mêlent à la terre fine, intimement. Vient alors l'autre attelage tirant le long rouleau de bois, *l'aplanaïre.* Tout s'égalise, tout s'aplanit. Voilà la semence recouverte. Protégée ? Pas entièrement, sans aucun doute : regardez ce vol de corbeaux. Eux n'ont pas dit leur dernier mot.

3

Récoltes d'automne

Il est des jours où roulent de gros nuages. Les matins sont frisquets. De plus en plus souvent la gelée menace. Et un matin, on découvre son œuvre : les fanes des pommes de terre noircies pendent lamentablement. Cette fois, elles ne *profiteront* plus. On va pouvoir, sans regret aucun, les arracher.

Il existe diverses façons de pratiquer l'arrachage des pommes de terre. Mais il est dur pour les femmes d'utiliser la pioche. Et le Firmin ne peut pas mener à bien cette tâche tout seul. Alors, chez nous, on pratique en deux temps.

Tout d'abord, on laboure une partie du champ. Avec beaucoup de soin. Profondément. Au passage du soc, les plantes portant les précieux tubercules, une à une se couchent, en partie recouvertes par la terre retournée.

Je trotte derrière la charrue, dans le sillon qui se creuse. Parfois apparaît un petit carré de pelure claire ! Une pomme de terre surgit, s'échappe et *débaroule* au fond de la raie. Et une multitude de petits débris de terre maigre l'accompagne dans sa chute. Cela fait un petit bruit mat très discret.

Prestement je me baisse. Je saisis la récalcitrante. Je la jette au loin sur le labour hérissé de tiges. Sinon gare aux sabots de l'attelage ! Au passage suivant, ils l'enfouiraient profond, dans la terre. Et elle serait perdue, c'est sûr !

Alors commence la deuxième opération. Toute la famille arrive. Chacun avec son *puar*. Le Firmin attaque la première raie. Il lance le croc avec force. Les dents recourbées de l'outil s'enfoncent jusqu'au manche, derrière le monticule de terre. Le Firmin tire à lui la lourde motte. De la main gauche, il empoigne les fanes. Et -surprise !- le bloc, pourtant si fragile, si friable, vient presque entier. D'un coup sec, il le fait éclater sur la pointe de son sabot et les tubercules tombent, rassemblés nets et propres. D'un geste précis, il se débarrasse alors de la plante dépouillée, en la jetant sur le côté...

Le second travailleur attaque à son tour la raie suivante et ainsi de suite.

On ne voit plus alors que quatre torses courbés, décalés les uns par rapport aux autres, et des rangées de tubercules cloisonnées par des andains réguliers de tiges sèches.

A la fin de la journée, c'est le ramassage. On tire du tombereau, arrêté tout près, les grands sacs au tissage grossier, les *satches*. Panier au bras, les grandes personnes font un premier tri, choisissant les plus grosses *trifoles :* pour les gens, celles-ci ! Je viens ensuite, m'affairant à emplir mon panier des plus petites. Pour les cochons, celles-là.

Peu à peu, les sacs s'emplissent, se dressent dans le champ, ici, là, un peu partout... Quand la dernière raie a volé en éclats, quand elle a été fouillée jusqu'à livrer son dernier tubercule, le Firmin commence sa ronde. Il va d'un sac à l'autre, soulève chacun d'eux pour le laisser retomber d'un coup, sur le sol. Une fois, deux fois... Histoire de bien *ensatcher.* Puis il rassemble le rebord de grosse toile en une touffe bien serrée. Je glisse alors, sous ses grosses mains rugueuses, le bout de ficelle qu'il m'a tendu et je le noue avec application... La ligature va être mise à dure épreuve, je le sais ! Han ! Le Firmin hisse le sac sur son dos. Et ployant sous le faix, il va s'adosser au tombereau. Une brusque secousse en arrière. Un grand bruit mat : le sac s'affale à l'intérieur.

Et le soir, quand le soleil a franchi l'horizon, que le troupeau a rejoint l'étable, il attelle *la bouèïre* et s'en va chercher le précieux chargement. Sur son dos moulu, il hisse encore une fois les lourds sacs rebondis qu'il déverse dans *les crouzats* creusées en dessous du jardin. Solution efficace pour une bonne conservation. Un dernier regard satisfait jeté sur la fosse pleine à ras bord... et déjà il crache dans ses mains. Une couche de paille, un épais couvercle de terre qui s'arrondit en monticule : voilà l'infranchissable obstacle aux rigueurs de l'hiver ! Pour l'année entière, la provision de pommes de terre est assurée.

Encore quelques jours de beau pour mettre à l'abri *pestenailles,* raves, choux raves et betteraves. Et c'en est fini de craindre l'arrivée de l'hiver... On fera face.

4

La feuille des "coussères"

Les feuillus ont pris leurs couleurs d'automne. La cour l'odeur des champignons. La Sophie a récupéré toutes les planches qu'elle a pu trouver. Parfaites, les portes abandonnées des vieux placards ! Un peu difficiles à rentrer, certes, mais tant pis, elle appellera l'Eva. Sur celles-ci, au moins, il y a de la place ! Accroupie tout à côté, elle range précautionneusement les lamelles fines des bolets qu'elle vient d'émincer et qui embaument. Bien serrées, les unes à côté des autres, mais sans jamais... jamais... les faire chevaucher.

Et voilà l'Eva qui l'appelle pour le café de dix heures. La conversation suit son chemin... De champignons en forêt, de forêt en sapins et de sapins en *faous,* elle s'est arrêtée sur les feuilles de ces derniers.

Elles intéressent particulièrement, les feuilles de hêtres, des *faous* comme on dit. On en remplit les paillasses de nos lits. Mais attention, il faut bien choisir le moment pour les ramasser.

En ce moment, elles *frésillent* sous les pieds. La Sophie a bien écouté leur musique. Elle a entendu qu'elles sont parfaitement sèches ! Et le soleil est de la partie. Un jour idéal pour *faire la feuille* !

Dès l'après-midi, au pied des grands hêtres centenaires, les râteaux vont entrer en danse. Les belles feuilles couleur de rouille seront entassées. Et les faînes, avec soin, ôtées. Et les petites coques, écartées. Et les brindilles, au loin jetées.

Ce soir ou demain, les toiles bises à carreaux bleus des *coussères* auront fini de sécher sur le fil. L'Eva fermera de quelques coups d'aiguille, l'ouverture de leur ventre gonflé de feuilles frémissantes. Et cette nuit-là, se confondront un peu les remous de nos rêves et le bruit des feuilles écrasées par nos corps haut perchés.

Faire la feuille : Ramasser les feuilles pour les paillasses.
Frésiller : Bruire comme le font les feuilles mortes sous les pieds.
Coussère : Paillasse que l'on emplit de feuilles.

5

Quand tombe la neige

Quand la neige coupe du monde

Un matin, sans crier gare, l'hiver est là. Bien avant la date annoncée par le calendrier. Il a saupoudré sa première neige sur les champs où, hier encore, broutaient les troupeaux. *«Aqueste cop, chaou acrechar* !» -cette fois, il faut *acrécher-*, dit le Firmin, le nez collé à la fenêtre. Cela signifie garder les animaux à l'intérieur, les nourrir à la crèche. Et cela jusqu'à la mi-mai.

Pour l'Eva, cela n'amène aucune rupture brutale. Elle sait qu'elle n'aura plus à aller aux champs, c'est tout. Le travail du ménage, les soins aux animaux restent identiques en toute saison. Etre en hiver n'y change pas grand chose, sauf... Ah ! Oui... Sauf si la neige bloque tous les chemins, durant de longues semaines. Et cela n'est pas rare. La route -ne l'oublions pas- n'est pas goudronnée, et bien mal déneigée.

Le laitier alors ne peut plus passer pour *ramasser* le lait. Et reviennent les gestes d'avant... D'avant la création de la laiterie de Saint-Agrève. Les gestes que, dans toutes les fermes, on avait remis au goût du jour pendant la guerre. Recueillir la crème, battre le beurre, cailler le lait pour faire les hautes tommes de vaches.

L'Eva n'a pas d'écrémeuse. Elle promène simplement sa louche, un tant soit peu inclinée, à la surface du lait que l'on vient de ramener du puits. Mouvements du poignet, légers, tout légers... La couche de crème ondule, se ride et se laisse glisser dans la louche. Disons : un certain pourcentage de la crème... Le reste se mêle au lait : c'est peut-être un peu pour cela que les fromages étaient si bons, avant les écrémeuses !

L'on verse cette crème dans le *battor* -cette haute baratte en bois, en forme de tronc de cône-. L'Eva ajoute, -ne le dites pas, c'est son secret- un peu de jus de carotte, pour un rien de couleur. Elle y plonge le -comment cela s'appelle-t-il ?- nous allons dire : le battoir. C'est un long manche, muni, à une extrémité, d'un large disque de bois perforé de gros trous ronds. Le couvercle de la baratte, percé en son centre, va venir s'enfiler sur lui, et ainsi le maintenir en place... Et monte et descend le battoir, dans les mains de l'Eva.... Et floc et floc et floc. Chaque fois qu'il atteint le fond, il projette la crème, à travers les trous, sur l'intérieur des parois. Et ça baratte, et ça baratte. Une bonne demi-heure au moins, parfois plus. Sans interruption aucune. C'est monotone, c'est long d'*acamper* ainsi son beurre...

Mais quand l'Eva sort à pleines mains, les mottes ruisselantes. Quand elle les tapote gentiment pour en faire de belles grosses *pommelles* semi-sphériques, que l'on portera au marché. Ou alors, quand elle les presse dans les moules de bois ovoïdes, crénelés tout autour, ornés en creux sur le fond et articulés. Quand la petite charnière s'ouvre et que le beurre renversé apparaît avec l'empreinte naïve d'une vache ou d'une fleur des prés. Quelle récompense ! Il m'arrive alors de braver l'interdit, de le goûter en cachette du bout de mon doigt de petite fille ; je puis vous le dire c'est un vrai délice !

Le «battor» (baratte)

Quant aux débris épars flottant dans le petit lait, ils ne seront pas perdus ! Quelques louches d'eau bouillante : ils vont s'agglomérer... Il ne reste plus qu'à passer le mélange à travers un torchon. Et le soir, on retrouvera ce dernier, les quatre coins noués ensemble, suspendu à un clou. Mis à goutter -ploc ! ploc !- toute la nuit durant. Le lendemain, un peu de sel, du poivre, un peu d'ail et un soupçon de lait, il est prêt le bon *sarassou* de chez nous ! Avec des *pommes de terre rondes*, -elles peuvent être ovales, la forme importe peu, «rondes» signifie «bouillies», tout simplement !- je crois bien qu'il n'est rien de meilleur. Jugement qui n'engage que moi, c'est évident !

Le beurre, c'est la crème, un point c'est tout. Reste à utiliser bien sûr, les grands seaux de lait écrémé. On ressort aussitôt le *caillaïre,* ce grand récipient métallique de forme ovoïde, muni de son couvercle et d'un petit robinet. On le remplit de lait avec ce qu'il faut de présure. Et le voilà posé sur le coin du fourneau. Bien à l'arrière, à cet endroit où la plaque tiédit à peine. L'Eva craint le coup de chaud qui *chaleille* le fromage : un peu trop de chaleur, et ce dernier devient grumeleux, avec de multiples petits trous ! Un fromage *chaleillé,* quoi qu'on en dise, est un peu raté !

Quand le lait est caillé, il faut le diviser, le partager. Quelques coups d'écumoire tenue bien verticalement : il va pouvoir *trier*... Le moment est venu d'ouvrir d'un quart de tour le petit robinet, tout en bas du *caillaïre*. Passe une heure, passent deux heures... le petit lait s'écoule, dans le seau placé juste au-dessous... Ploc ! Ploc ! Ploc ! Alors vient pour l'Eva le moment de puiser à pleines louches le caillé devenu enfin consistant. Elle emplit l'une après l'autre, les grandes -elles font bien quarante centimètres de haut !- faisselles métalliques, aux parois perforées. Et... mystère pour mes yeux de petite fille : de ces multiples orifices, suinte encore et encore, durant des heures, un peu de ce petit lait, de cette *lita* qui régalera tant les cochons. A l'intérieur des grands moules, le contenu se tasse...se tasse... Et peu à peu la tomme prend sa forme et sa bonne dimension.

Il ne restera plus qu'à la tourner, la retourner, la saler, la mettre à sécher sur la paille, la tourner encore et souvent pendant le séchage. Et surveiller le «bleuissement». Pour cela, le mieux c'est de la piquer de temps en temps ! Avec une *broche*. L'Eva en a toujours une, prête à l'emploi, sur le bord de la fenêtre. Une broche -vous ne saviez peut-être pas-c'est une aiguille métallique pour tricoter des bas. Dans chaque jeu, il y en a cinq, pour monter en tournant, une jambe de chaussette.

Mais, malgré tous ces soins, un fromage reste toujours un mystère... C'est en l'entamant, et seulement là, que l'on peut vraiment juger du degré de réussite.

6

Rythme d'hiver pour le Firmin

Pour le Firmin, avec la première neige, c'est un tout nouveau rythme de travail qui s'installe : le rythme de l'hiver. Les soins aux animaux vont baliser toutes ses journées.

A partir de là, deux fois par jour, matin et soir, son pas sonnant résonne sur l'escalier de bois qui de l'étable conduit à la grange. Et quand toute la maisonnée l'entend tâtonner là-haut, sur le plancher, chacun sait que l'heure est venue de *pousser aux vaches*. A coups de *puar* énergiques, le Firmin tire d'abord la quantité de foin nécessaire aux six rations des vaches et -j'allais oublier- des deux chèvres. C'est assez ardu : il est comprimé le foin, sous les lourdes bottes de paille ! Vous comprenez, ici, tout doit être à l'abri durant l'hiver : foin et paille, alors on tasse, histoire d'économiser la place.

A pleins bras, le nez frôlant le foin odorant comme pour s'en imprégner encore une fois, le Firmin charrie d'énormes brassées de fourrage. Il les dépose l'une après l'autre, juste au-dessus de chacune des petites trappes sagement alignées. Disons plutôt chaque *trapou* -c'est ainsi qu'on nomme ces petits orifices découpés dans le plancher de la grange, au-dessus de chaque râtelier-. Et quand les six monticules de foin dérobent à la vue les six *trapous*, ses deux mains calleuses enfouies dans l'herbe sèche poussent, poussent. Bruits de chaînes, piétinements : en bas, on attend, on languit !... Les yeux scrutent le plafond qui commence à cracher un bouchon de foin. Et les mufles, à coup sûr, se mesurent tous aux intervalles entre les barreaux des râteliers !

Le ferrage d'une vache

Deux fois par jour, il faut aussi *empailler* les animaux. Glisser la fourche sous la litière souillée, la projeter dans la fosse à fumier qui occupe tout le centre de l'étable. Puis étaler une bonne couche de paille fraîche. Cette corvée bi-journalière doit être accomplie tout au long de l'année. Mais en hiver, les vaches sont là continuellement, alors forcément, il faut plus de vigilance. C'est que le Firmin n'aime pas les vaches crottées qui promènent des *carcans* de bouse sèche. Il n'hésite pas à manier quelque peu l'étrille, si nécessaire. Des bêtes sales, cela fait mauvais genre. Et puis ces dernières ont droit à un certain confort, non ? Ne lui dites surtout pas qu'un jour, on élèvera des cochons ou des vaches sans litière, à même le sol : il ne vous croirait pas !

Il est deux autres moments, dans la journée, où il abandonne sur le champ tout ouvrage entrepris. Aux environs de dix heures du matin et de trois heures dans l'après-midi. Quand sonne l'heure d'*abéourer*, d'emmener les vaches boire au dehors, dans le *bachat*, en contre-bas de la ferme. Il se dirige alors vers l'étable. Son *agulhià* coincée sous une aisselle -au cas où...-, l'autre bras ceinturant les cous, il défait une à une les chaînes. Chaque cliquetis du métal chutant sur le sol signe, pour les animaux, un moment de liberté. Et pourtant non, ce n'est pas la débandade. Pas du tout. Une certaine discipline règne. Oh ! Il y a bien quelques coups de culs, quelques bousculades provoquées par les génisses. Chez les vaches aussi, il faut que jeunesse se passe !

A la queue leu leu, calmement, les vaches suivent le sentier qui, après la cour, descend vers le bassin. Souvent le Firmin les attend au sommet de la petite côte, la tête enfoncée entre les épaules, le col du veston bien remonté pour se protéger du froid. Il gonfle ses joues et commence sa petite musique, qui ne s'interrompra qu'au moment où le dernier mufle émergera au-dessus de l'eau. Un sifflotement régulier, répétitif, l'équivalent en quelque sorte du «Et glou, et glou, et glou» de nos chansons à boire. Vous savez, juste avant «Il est des nôtres, il a bu son verre comme les autres». Puis c'est la remontée dans le calme : elle est finie la récréation de la demi-journée.

Au cœur de l'hiver, quand la couche de neige est épaisse, tout devient plus compliqué. Il faut parfois, auparavant, creuser une trace. Parfois aussi casser la glace, à la surface du bassin. Eviter de faire boire cette eau trop glacée aux vaches fragiles et charrier de grands seaux d'eau tiède. Il est des jours qui offrent leurs surprises, laissant ainsi place aux initiatives... Qui croit le travail du Firmin entièrement mécanique se trompe lourdement !

Une fois décompté tout le temps passé à s'occuper des animaux, il reste au Firmin quelques heures pour *faire* un peu de bois pour le feu. S'il fait un temps de chien, muni de sa hache, d'une lourde masse et de coins métalliques, il fait éclater le bois, le fend, le refend. La maison entière résonne de ses coups. D'énormes tas de bûches s'amoncellent sur le sol du hangar. C'est qu'il en faut des *estellous* pour nourrir le grand foyer de la cuisine et celui de la *chaudière* ! Pendant tant de mois !

Quand le temps est plus clément, que la neige libère pour quelques jours le sol, c'est en forêt qu'il s'en va travailler. Il prend chaque hiver quelques lots de bois à *tomber*, quelques *butes* à faire, comme il dit.

Abattre l'arbre

Il faut abattre les arbres, scier, couper les branches, écorcer, préparer à l'avance des liens de paille : deux par fagot... Et puis entasser les branches et les lier. C'est en échange de tout le travail accompli, qu'il peut utiliser les branches pour faire des fagots et emporter les *rushous*, ces lambeaux d'écorce que détache *le ploumaïre* et qui *tiennent* le feu. C'est surtout pour avoir les fagots qu'il fournit tant de travail, le Firmin ! Il en vend quelques centaines, chaque année, au boulanger de Ladreyt : cela fait un peu d'argent, ce qui n'est pas négligeable. Et puis rien ne vaut quelques *garnes* de fagot pour démarrer un bon feu, chaque matin.

L'hiver, c'est aussi de longues heures passées à la fabrication des sabots. Oui, le Firmin est sabotier à ses moments perdus, et il aime ça. Il ne vend pas sa production, mais il chausse toute la famille, et aussi quelques voisins et parents. Je revois ces petits sabots qui m'étaient destinés. C'est avec un brin d'émotion que je les chaussais pour les essayer. Tout autour de l'échancrure par où entrait mon pied, courait une rainure, qui sur le dessus s'achevait en cœur. Et on la retrouvait sur tous les sabots.

Pour ceux des hommes, la fantaisie s'arrêtait là. Mais ceux des femmes et les miens s'ornaient en plus de deux rameaux entrecroisés, avec leur sept petites feuilles creusées avec soin à la gouge.

Il est des images qui s'accrochent à vous toute une vie. Quand je pense à l'hiver avec ses rafales de vent et sa neige qui coupe du monde, c'est toujours la même qui, en premier, me revient à l'esprit.

Ecorcer avec le «ploumaïre»

Je revois sur le plancher de la cuisine, l'immense serpent dessiné à la craie -œuvre de ma sœur- qui s'enroule. Dans la chaleur des flammes, juste devant la cheminée, je suis là accroupie sur le sol, tirant la langue pour plus d'application. D'une pichenette, j'envoie une belle agate bleue, sur ce chemin imagé. Mais ce n'est pas chose aisée de la faire parvenir, par bonds successifs, du bout de la queue à l'œil rond. Elle a une attirance certaine pour l'extérieur... Elle s'en va d'abord droit devant elle, puis la voilà qui hésite, au gré des planches disjointes. Elle frôle le contour blanc. Un grain de sciure ! Un débris de copeau de bois ! C'est fait, elle a franchi la ligne : il faut repartir à zéro...

A deux pas de moi, un mégot noir suspendu aux lèvres, le Firmin est tout à son ouvrage. Le voilà, penché sur son petit établi à trois pieds, parfait pour un travail en cuisine, et fabrication maison, s'il vous plaît ! Il a dans les mains, une forme de bois. Il la tourne, la regarde sous tous les angles. Au nez légèrement relevé, à l'ébauche du talon, je reconnais déjà, à coup sûr, la coque d'un sabot. Un coup de paroir à droite, un autre sur le nez, un autre encore. Le dernier coup n'est jamais le bon... D'un mouvement du coude, il chasse la spirale d'un copeau, qui bondit jusqu'à moi...

Sur la porte du four demeurée ouverte, le chat dort, sur un vieux journal roussi. L'eau dans la bouillotte murmure sa présence. *L'estouffe* aux bolets mijote sur le coin du fourneau. Et son odeur se mêle à celle du bois et du tabac gris.

Un bruit sec, l'Eva vient de pousser de la paume de la main, les deux bûches qui dépassaient du foyer. La flamme ranimée, aussitôt les enveloppe, belle, colorée, sûre d'elle. Elle se met à danser et le vieux plancher s'éclaire soudain.

Dans cette lumière, Papa guigne encore une fois : «*Aco vaï be* ! Ça va !» dit-il... L'agate bleue vient de parcourir un bon bout de chemin.

Par l'unique fenêtre, je vois juste ce qu'il faut du dehors. Le vent d'hiver tourmente les branches du vieux tilleul. Il plaque par saccades les flocons sur les vitres. Aujourd'hui, je le sais : je vis un moment de bonheur que je garderai gravé en moi pour toujours.

Charger les buttes dans le char

L'estouffe : La bombine de chez nous (pommes de terre cuites à l'étouffée) qui mijote des heures.

" Can te coustèren, can te coustèren
Can te coustèren, tou esclo ?
Can èren, can èren,
Can èren, néou... "

Chanson d'école

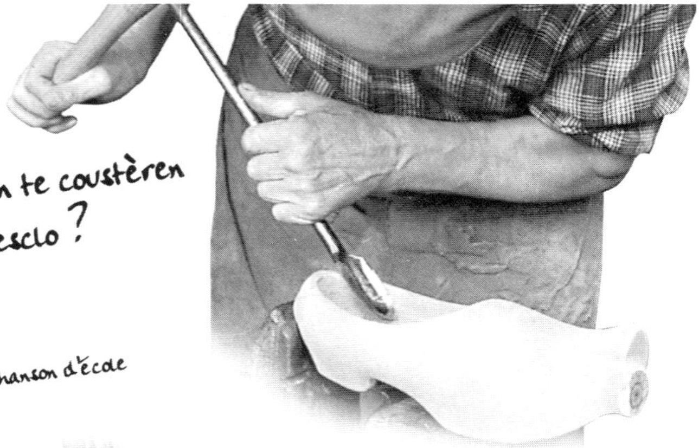

AU "TRAPOU" CETTE CULTURE !

1

Notre patois

Je n'ai jamais parlé le patois. Adolescente, je ne m'en plaignais pas. Il était pour moi, vieux, démodé, sale. C'était la langue des péquenots. Quand grand'mère Sophie l'employait en s'adressant aux gens de la ville, j'avais honte ! L'Eva et le Firmin partageaient sans doute cette opinion. Le patois c'était bon pour communiquer avec les animaux, avec les voisins et bien sûr entre eux. Ils voulaient que leurs enfants parlent la langue de l'Ecole, la langue des autres.

La plupart du temps, ils s'adressaient donc à nous en français. Et s'ils se trompaient quelquefois, ils n'attendaient en aucun cas, une réplique en patois. Cela n'avait pas besoin d'être dit, nous le savions. C'est ainsi que j'ai baigné dans la langue de mes ancêtres, sans jamais la parler... Enfin presque jamais !

Pour les échanges avec les chiens, les chats, les vaches, les chèvres, j'étais bien obligée de l'utiliser... Nul n'aurait eu l'idée saugrenue de s'adresser à eux autrement qu'en patois. Ils n'auraient rien compris, c'est sûr ! Pensez donc, des animaux en prise avec la langue de l'Ecole ! Ils vous auraient regardé, démunis *comme une poule qui a trouvé un couteau.* Le patois leur convenait tout à fait, puisqu'il était adapté aux ignorants !

Il y avait aussi ces expressions, ces comparaisons, qui venaient, comme un réflexe, à tout moment émailler les conversations. Je ne savais pas m'en passer. Elles faisaient partie de mon langage, souvent «francisées», au moins partiellement.

La grand'mère qui dodelinait de la tête en somnolant, *pesait des picaoudous*, pesait des picodons.

Un objet qui échappait et l'on avait *de dèïs de bure,* textuellement : des doigts de beurre.

Vous ne fermiez pas les portes sur votre passage, vous voilà *khiou badà.* Surtout, d'ailleurs, s'il gelait à pierre fendre dehors !

Celui qui criait pour peu de chose était *un badà gorge.*

Le fainéant avait *là costà èn lon*, les côtes en long. Il lui était dur de se plier.

Tout marchait bien pour vous ? Parfait ! Vous *faisiez uno fi de fèro,* -une fin de fer-. Et le fer c'est solide !

La chance vous souriait : vous aviez *lou nàs viro dà le buré*, le nez tourné vers le beurre.

Celui qui déplaisait pouvait être laid *coumo un babaou ;* ne me demandez pas ce qu'est un *babaou,* ma grand'mère répondait toujours : «C'est un *babaou,* un point c'est tout !». Ou alors *coumo un piou bayano.* Le pou a toujours été laid, c'est connu. Mais qu'il se débatte dans l'eau, à moitié noyé, ajoutait encore à l'horreur !

L'on se méfiait des marchands, qui d'un commun accord, dénigraient un animal ! Ils pouvaient être *de bano* (de corne) pour tirer les prix ! Dans un bon attelage, pour bien tirer la charrue, les vaches devaient être l'une droitière, l'autre gauchère. On disait alors qu'elles étaient *de bano*, de bonne corne en somme, sous le joug.

Le douillet avait *toujours mal aou khiou ou à l'antchà*, au cul ou à la hanche.

La coquette, un rien allumeuse*, farià lou èï dou à en tchi aoubé en tchapel.* Elle ferait les yeux doux à un chien avec un chapeau.

Un jeunot osait donner son avis et aussitôt l'on s'écriait : il a encore *le creil au derrière* et il croit tout savoir. Le *creil* c'est la coquille d'œuf : allusion était donc faite au poussin qui vient d'éclore.

Le gueulard criait, ou plutôt *bramait, coumo en vel,* comme un veau.

Qui n'était pas très dégourdi, était *simplatou* -toujours gentil, le suffixe «tou» !-, *pas fin* ou, selon une expression que j'aime bien, *èn qui ni laï.* Si vous cherchez un hameau, il est fort possible que l'on vous indique qu'il se trouve «*èn qui ni laï !*», avec un geste de la main à l'appui, «par là-bas !». Une personne *èn qui ni laï* manque pour le moins, d'un peu de précision dans ses raisonnements...

Se resservir avec trop d'empressement dans la boîte à biscuits, faisait de vous *une pourdine.* Allons, allons, auparavant, il fallait toujours un peu se faire prier ! Et cela, même si vous en étiez *chatte*, si vous les aimiez beaucoup, beaucoup...

Sale dans son ménage, la femme était *uno caïo.* Rien de bien surprenant : de tout temps et pour tout le monde, le cochon, la truie et leur famille entière sont sales ! On sait cela de génération en génération. Mais *caïo* aussi, était la personne qui osait rendre une visite à quelqu'un sans poser discrètement, sur un coin de table, un paquet de gâteaux ou une demi-livre de café. Même si personne n'a jamais su pourquoi la pauvre truie était l'exemple de l'ingratitude ou de l'avarice.

Ce qui est sûr : personne ne voulait être *caïo*. Et c'est ainsi qu'un paquet de café donné à l'Eva, par la Lucie, s'en allait parfois, le lendemain, chez la Marie... et ainsi de suite.

«Donner ce qui a été donné, ça sort l'âme de péché !» disait avec malice, l'Eva, tout en changeant le journal qui servait d'emballage. Bien évidemment, elle veillait attentivement à ne pas retourner le présent à qui l'avait offert. Imaginez un peu ! Elle en aurait eu *despeil* ou *de faissi.*

La déveine poursuivait un malheureux garçon : *Sourtio d'èn gespié per se sakar din l'aoutre* -Il sortait d'un guêpier pour entrer dans un autre-. Et gare à l'agressivité des guêpes d'un *guespier imoudo* -d'un guêpier énervé- !

L'on savait *tenir sà lingà aou tchaou*, quand il le fallait. Tant que dura l'hébergement des enfants juifs dans les fermes, pendant la guerre, elles restèrent en effet bien au chaud, toutes les langues, même les mauvaises ! Une prouesse à saluer, surtout chez ces dernières, quand on y songe !

Quand l'on pleurait pour rien, l'on ne versait pas des larmes de crocodile. On *faisait de l'huile pour les rats.*

Pour ne pas *empéïter*, c'est à dire gêner, il valait mieux *se garer daou pas*.

L'expression «bonnet blanc et blanc bonnet» n'avait pas encore eu son heure de gloire. Nous avions déjà la nôtre : deux politiques identiques, deux réactions identiques, étaient : *Ma mère m'a fait.*

Lorsque le travail pressait, on avait à peine le temps d'aller au petit coin, *faire sa commission.*

Dans le froid de l'hiver, malgré *les mites* de laine, souvent *on avait guèbi,* sur le chemin de l'école... J'ai appris depuis longtemps qu'on a l'onglée ou les doigts gourds. Mais aujourd'hui encore, quand mes mains se crispent de froid sur les guidons de mon vélo, c'est dans ma langue d'autrefois que j'en prends conscience. J'ai toujours *guèbi.*

Une odeur, un bruit particulier qui me rappellent mon enfance et c'est toute une avalanche de mots de notre parler qui me reviennent. Des mots que je trouve savoureux. Parfois même irremplaçables !

On *fourbissait* sa maison.

On *tombait* les arbres.

Si l'on parlait sans sujet précis, on *barjaquait*, on *bartavelait* ou on *bassivelait*.

On *tirait* les vaches ou on *les touchait*, selon si l'on était devant ou derrière, avec l'aiguillon.

La personne qui *n'était pas bonne* était malade, celle qui n'était pas *de goût* n'avait pas la grande forme.

L'aourà et *l'aourissà* n'étaient pas vents identiques.

Rafeter n'était pas *tussir*... Quand on *rafète,* on tousse souvent, en quintes rapprochées, presque par habitude. Et puis, c'est sans gravité aucune !

Repriser, raccommoder, *petasser et sarsinguer,* cela a pour nous, aujourd'hui, peut-être le même sens. Mais croyez-moi, le travail n'était pas fait avec le même soin ! Mais alors pas du tout...

Et un plat quelque peu *rimé* dans le four, était loin d'être brûlé.

Avec le temps j'ai compris que notre langue, qui avait tant de nuances, mourait à petit feu. Chaque vieillard quittant ce monde l'entraînait d'un pas vers sa fin prochaine. J'ai compris qu'elle s'en irait avec la génération de mes parents. Une immense tristesse s'est installée en moi. Cette langue si savoureuse, témoignage de toute une culture, était en train de disparaître. J'aurais voulu la retenir, faire l'impossible pour la conserver... Mais il était trop tard !

«I rien passo qué nou torno» -Il n'est rien de passé qui ne revienne-, disaient le Firmin et l'Eva.

Leur langue fera mentir le proverbe : elle ne reviendra jamais !

2

Proverbes et dictons

J'ai toujours aimé les proverbes de chez nous. Ils m'ont accompagnée tout au long de ma jeunesse, distillant selon les circonstances, leurs mises en garde, leurs encouragements, leurs remarques sur la nature humaine. Ils sont, dans leur patois d'origine, pleins d'humour et de rythme.

Je sais qu'en les traduisant je vais les trahir. J'en demande d'avance pardon au Firmin, à l'Eva, au Père Moulin et à bien d'autres... Ils perdent souvent hélas, irrémédiablement, rimes, saveur et parfois même... une partie de leur raison.

Il y a les sentences lâchées, un peu comme un clin d'œil coquin, en fonction des circonstances. Derrière la moissonneuse, s'éclairent alors les visages burinés. Un sourire malicieux prend naissance sous les casquettes poussiéreuses. Un rire tombe en cascade, du haut d'un char de foin. Les râteaux s'agitent plus légèrement. Réunis autour de la table, pour le repas de battage, on s'esclaffe carrément, et les commentaires rebondissent joyeusement de l'un à l'autre des convives.

C'est avant tout une façon de se taquiner dans la gaieté.

C'est ainsi que l'on rassure celle qui n'a pas encore de galant. Non, elle ne restera pas forcément *au plantier*. Que je vous éclaire ! Le plantier est un carré de choux que l'on a semés. Non pas pour les laisser grandir sur place. Mais pour qu'ils sortent de terre là et prennent force, en attendant d'être repiqués ailleurs.

On recommande la patience à la jeune fille, puisque finalement :

Chasqué groulo troubo soun groulou
Chasqu'oulo soun cubercélou
Chaque godasse trouve son correspondant
Chaque marmite son petit couvercle

Si vous avez montré une ardeur subite au travail ! Rien d'étonnant :

Lio rien de si vâlhènt qu'em fénéant imoudo
Il n'y a rien de si vaillant qu'un fainéant qui se met au travail

Le curieux qui pose une question quelque peu gênante et celui qui n'aime pas la soupe reçoivent en pleine figure la même remarque :

Babino fino é nà pountchu à jamaï rien vaoupu
Lèvres fines et nez pointu n'ont jamais rien valu

Devant celui qui se jette un peu trop vite sur la nourriture, on s'exclame :

Vaou mèï anàr aou mouli qu'aou medeci
Mieux vaut aller au moulin que chez le médecin

Et à qui semble ne pas vouloir entendre :

Parlo a moun khiou ma teste i sourdo
Parle à mon cul, ma tête est sourde

L'ensemble plus que modeste des biens que l'on possède est souvent résumé par ces mots :

En paou dé tout et pas gaïre de ré
Un peu de tout et guère de rien

L'on console dans l'hilarité celui qui se plaint de n'avoir plus d'argent pour payer le fisc ou tout autre créancier :

Gararan pas de plouma a èn crapaou
Ils n'enlèveront pas des plumes à un crapaud

L'arrivée de quelqu'un dont on vient de parler, est toujours joyeusement saluée par :

Quaou parlo daou loup, le te per la coua
Qui parle du loup, le tient par la queue

Celui qui remarque un léger travers d'un de ses enfants prend le risque de s'entendre répliquer :

Lou tchi fan pas de tcha
Les chiens ne font pas des chats

Une bise échangée ou même simplement supputée conduit quasi automatiquement -il existe si peu de barbus !- à :

En poutou san barbo coueïs coumo èn éou san sal
Un baiser sans barbe, c'est comme un œuf sans sel

Une jeune fille est surprise en train de rêvasser ? On ouvre les paris : à qui pense-t-elle ? Car on le sait bien : une chèvre qui *«broudge»* est malade et une fille, amoureuse.

De la broudge, la tchabra n'en crèban et la filha s'em marian
De rêvasser, les chèvres en crèvent et les filles s'en marient

La joie de ne pas avoir de cheveux blancs est très vite tempérée par :

Testa d'ano né blantchi jamaï
Tête d'âne ne blanchit jamais

Quelqu'un se plaint de mal à la tête, ou au dos, ou... Ce n'est rien :

A la maladia de Saint-Roustain, tou meï manjo tou meï plin
Il a la maladie de Saint-Roustain, plus il mange, plus il geint

Votre *payse* habite les Boutières, attention !

Filho qué monto é vatcho qué decèn touto sa via s'èn repèn
Fille qui monte et vache qui descend, toute sa vie s'en repent

Eh oui ! L'herbe est meilleure sur le plateau et meilleurs sont les hivers en bas !

Il est d'autres adages qui méritent, je crois, d'être savourés. Avec une grande économie de mots, en petites phrases lapidaires, ils résument presque toute la sagesse paysanne :

Se méfier des apparences souvent trompeuses, en particulier du beau parleur, bien policé :

Sou soun tchapel bliaou lia èn garel
Sous son chapeau, peut-être y a-t-il un malpropre, un pas net

Couéï pa le tchi qué meï jappo qué meï mord
Ce n'est pas le chien qui jappe le plus fort qui mord

Savoir choisir amis et relations, car :

D'anar aoubé la poulas, l'on apprèn a grattar
En allant avec les poules, on apprend à gratter

Ne pas se bercer d'illusions, la fortune sourit rarement aux pauvres :

La peïra roulan toudjour da lou routchié
Les pierres roulent toujours vers les rochers

Eviter de juger trop vite, de prendre le parti de quelqu'un sans réfléchir, car :

En tchaval se bà pa tou soulet dink èn establo
Un cheval ne se bat pas tout seul dans une écurie

Apprécier les bonheurs simples de la vie :

Aquello qu'à po é sandà, ritché i si vou sà
Celui qui a pain et santé : riche il est, s'il en a conscience

Se contenter de ce que l'on a :

Si eï pas dé fé mandjé de paillo
Si je n'ai pas de foin, je mange de la paille

Tchaou pa maï s'estirà qué l'on à dé coudjo
Il ne faut pas s'étirer au-delà de l'espace que l'on a dans son lit

Bien réfléchir avant d'agir, après il est trop tard :

L'eïme qué vé aprè sier ré
Le bon sens qui vient après ne sert à rien

Ne pas faire une confiance aveugle, même à ses futurs héritiers :

Tchaou jamaï sé desabillar davan qué s'anar djaïré
Il ne faut jamais se déshabiller avant d'aller se coucher

Avant de s'indigner d'une critique, prendre le temps de faire son autocritique :

Aquello qué se sèn rougnhous qué se gratto
Celui qui se sent couvert de croûtes, qu'il se gratte

Se sentir responsable dans ses choix de vie, car :

Coumo faré, troubaré !
Selon ce que tu feras, tu trouveras !

Enfin ne jamais désespérer car :

Nà rien passo qué nou torno
Il n'est rien de passé qui un jour ne revienne

3

Le temps qu'il fera demain

La pluie bienfaisante qui fait pousser le regain après la fauchaison,

Le soleil qui mûrit les seigles et permet de rentrer dans la grange un foin bien sec,

La grêle redoutée qui *vioutche* les blés (les couche, les entremêle), quand elle ne les fait pas *viourer* (perdre leurs grains), qui déchiquette et lacère tout,

La neige qui tient enfermés de longs mois, dans les maisons, bêtes et gens, mais qui protège du gel, les blés qui lèvent à peine,

Le *vent blanc* qui dessèche, *l'auvergnasse* qui emporte tout, le vent du midi qui charrie les nuages chargés de pluie, la bise qui forme les immenses congères, obstruant routes et chemins en hiver,

La grêle qui peut anéantir toute une récolte, en quelques instants...

... Tout cela c'est le temps !

Le temps est si important, qu'il est le sujet principal de toute conversation ! Si important que parfois, on se l'approprie. Il devient alors «notre temps». Il peut être un temps *à ne pas mettre un chien dehors, un temps de chien* tout court, ou même *à faire miauler les chiens derrière les murailles*. Oui, quand la chaleur *tape sur le système* au point de faire perdre la tête même aux chiens !

On s'interpelle d'une prairie à l'autre pour partager l'idée d'un changement qui paraît s'annoncer :

> «*Vaï plaoure, tchaou s'acouïtar.*
> Il va pleuvoir, il faut se dépêcher»

En se croisant sur les chemins, on donne aussitôt un avis sur son état. Il peut être vif, droit, vert... et même malade :

> «*Nostre tèn i malaoute, tèndrà pà.*
> Notre temps est malade, il ne tiendra pas»

Il faut s'accorder avec lui autant que possible, dans le travail. Aussi pour éviter les catastrophes, depuis toujours, on s'est évertué à le prévoir. De génération en génération, on a rassemblé remarques et dictons en observant le ciel et la terre, mais aussi le comportement des bêtes et des gens.

Sans doute, les prévisions à long terme ne sont-elles pas très fiables. Il arrive même qu'elles soient contradictoires ! L'Eva et le Firmin y croient-ils vraiment ? Sûrement pas ! Mais elles restent pour eux un moyen de se projeter dans cet avenir inconnu, si plein d'aléas. Elles sont une porte ouverte pour en parler avec d'autres, avec ceux qui ont ce même souci de la lutte sans cesse renouvelée contre les éléments. Ils sourient parfois quelque peu de l'incertitude de leurs présages, et je crois qu'ainsi, c'est de leur angoisse, qu'ils se moquent. Et cela les soulage...

Au changement d'année, tout le monde suit plus ou moins *les tempoures*. Les six derniers jours de l'année finissante et les six premiers jours de l'année nouvelle -du vingt-six décembre au six janvier- sont observés par le menu. C'est qu'ils résument, pris dans l'ordre, chacun des douze mois de l'année. S'il neige toute la matinée du premier janvier, si le soleil vient ensuite pour quelques heures, avant de nouvelles précipitations, au dos du calendrier des postes, l'Eva inscrit : «Première quinzaine de juillet, pluvieux. Puis beau temps. Dernière semaine, pluie». Et cela devient sujet de conversation, entre voisins : «On n'a pas fini de mouiller le foin ! Vous avez vu ce qu'il est tombé ce matin !».

Il est très apprécié, le calendrier des postes. Non pas pour les saints : il ne viendrait à personne, ici, l'idée de souhaiter la fête de quelqu'un. Mais on y trouve tous les points de repère que l'on attend. Et il donne toutes les phases de la lune, précisément, quartier par quartier... Avec, en prime, un peu de place pour les remarques personnelles.

On y cherche, la semaine des araires. Vous savez, la semaine où il fait si mauvais, que -paraît-il- ne pouvant mettre le nez dehors, on en profitait autrefois pour réparer les araires. Certains, depuis peu, disent : la semaine sainte. Il est vrai qu'en général, les deux se confondent. Il s'agit dans ce cas de la semaine qui précède Pâques. J'ai dit, en général !... Il peut arriver -bien que le fait soit exceptionnel- qu'elles soient décalées. S'il fait beau la semaine sainte, c'est que la semaine des araires vient après. Qu'on se le dise : avant Pâques ou après, il faudra la subir, car :

> *Là semano daou araïres, si i pa dâvans, iz après.*
> La semaine des araires, si elle n'est pas avant, elle est après.

On y cherche *la dame féourouse*, la Chandeleur, le deux février, en espérant cette fois ne pas voir le soleil, tout au long de cette journée. Afin qu'il ne vienne pas au loup, l'idée de mettre le nez dehors ! :

> *Lou dzour dé là damo fiourouse, si lou loup sor dé sà borno, pèr sé semano nou i torno.*
> Le jour de la dame «févrieuse» si le loup sort de sa tanière, pour sept semaines, il y retourne.

On y pointe Saint-Barnabé (11 juin) et Saint-Médard (8 juin), car :

S'il pleut à la Saint-Médard, il pleut quarante jours plus tard, sauf si Saint-Barnabé *li saro le bé*, lui ferme le bec.

A la Saint-Martin, on se prépare à l'offensive de la neige :

> *A là San-Markhi, la niou i per tchami. Si li pà le vèspré, li lé makhi*
> A la Saint-Martin, la neige est en chemin. Si ce n'est le soir, c'est le matin

Mais, en ce qui concerne les prévisions à court terme, le Firmin, c'est sûr, ne se trompait pas souvent. Il scrutait longuement le ciel. Le ciel était rouge le soir : il ferait froid et sec. La lune était dans l'eau, voilée par les nuages : gare à la pluie. Il puisait dans sa réserve un ou deux dictons appropriés, et son verdict tombait.

Voici quelques-uns des dictons du Firmin :

> *Tan qué l'aouro boufaro, plaouro pà, si s'acalo la ployo is aqui*
> Tant que le vent soufflera, il ne pleuvra pas, s'il se calme la pluie est là

> *Lou tèn i ca, demo faro bouan tèns*
> Le temps est calme (pas de vent), demain il fera beau

> *Lou souleil séï coudzà din l'aïgà, demo plaourà*
> Le soleil s'est couché dans l'eau, demain il pleuvra

> *Sial roudje le makhi, la ployo is èn tchami*
> Ciel rouge le matin, pluie en chemin

> *De la traversà vé djamaï re de bô*
> De la traverse, il ne vient jamais rien de beau

Si le temps se met au beau, un mercredi matin :

> *Elévasiou daou mècre vaï mâ djusqu'aou jzeou dé makhi*
> Elévation du mercredi ne va que jusqu'au jeudi matin

Devant un gros nuage, chapeautant le Mézenc :

> *Quan Mezènc prèn soun tchapèl, berdzeïra prèn toun mantel*
> Quand Mézenc prend son chapeau, bergère prend ton manteau

Lorsque les troncs se découpent, foncés, sur fond de paysage enneigé :

> *Lou zabres soun niers, coueï le redoux*
> Les arbres sont noirs, c'est le redoux

Certains comportements d'animaux avaient aussi valeur de signe. Une hirondelle rasait le sol de son aile, dans son envol saccadé :

> *Can l'iroundelà volà bâ, si plaou pà, tardarà pà*
> Quand l'hirondelle vole bas, s'il ne pleut pas, cela ne tardera pas

Les poules en troupeau, sans prêter attention aux premières gouttes de l'averse, continuaient-elles à s'épucer tranquillement sous les ailes, à petits coups de bec ? Nul ne savait dire si les poules avaient vraiment des puces, mais il allait pleuvoir longtemps, longtemps. Au contraire, couraient-elles se réfugier sous le tombereau ou dans tout autre abri ? L'averse serait courte, simple pipi de chat.

Assis sur le rebord du fourneau, le chat inclinant sa petite tête, s'évertuait-il à passer sa patte derrière son oreille. Il allait pleuvoir ou neiger, selon la saison.

Il y avait également d'autres signes révélateurs qui nous appartenaient en propre. Maman avait, soudain, très froid aux pieds : chute de neige pour demain. Les doigts noueux de grand'mère *boulaient*, en la faisant souffrir : changement de temps.

Et ces pans de suie, qui se décollaient de la cheminée, pour s'écraser sur le glacis, près du fourneau : «C'est la *trêve* qui passe !» disait grand'mère Sophie. Je n'ai jamais bien su ce qu'était la trêve, si ce n'est qu'elle circule la nuit, dans les bois, une sorte de mauvais esprit sans doute. Le Firmin affirmait que cette suie dégringolant était un signal de redoux. Je n'aimais pas la trêve, mais alors pas du tout. J'ai donc fait mienne l'explication du Firmin et ne l'ai jamais oubliée.

LES VENTS.

(D'après «Les Cahiers du Mezenc»)

Le vent est un élément important du Plateau. La diversité des vents est grande, associant vents locaux et courants dominants. Voici les principaux :

** **Le «vent»** tout court, **«Lou vènt»** en patois, c'est le vent du sud. C'est de loin, celui qui souffle avec le plus de violence. Deux tendances :*

*- **Le vent blanc** (généralement de sud à sud-ouest), chaud et sec qui n'amène pas de pluie, mais rend l'atmosphère très brumeuse et lourde. Vent très soutenu, très régulier qui peut se maintenir plusieurs jours d'affilée. Il soûle, il énerve (le vent des fous).*

Il se produit surtout en été et dessèche tout. Apprécié au moment de la fenaison : «foin coupé, demain prêt à rentrer».

*- **Le vent du sud**, tiède et chargé d'humidité. Lorsqu'il se met en route, on ne tarde pas à voir, vers le sud, de grosses masses nuageuses s'accumuler.*

** **Le vent du nord**. C'est **la bise** qui chasse les nuages et apporte, en général, été comme hiver, du beau temps. C'est par excellence «le vent de la burle», celui qui édifiera de magnifiques congères. Comme c'est un vent très froid, la neige ne colle pas, elle vole bien et s'amoncelle, là où un obstacle l'arrête. C'est aussi le vent des brouillards givrants. C'est aussi le bon vent pour la coupe du bois de chauffage.*

** **L'Auvergnasse**. Vent de nord-ouest, donne un vent moins froid, mais plus humide, associé au passage de perturbations atlantiques. Peu durable, il annonce le vent du nord.*

** **La Traverse**. Vent d'ouest, sud-ouest. Temps moins froid et moins pluvieux. Le plafond est parfois bas, mais les horizons sont clairs et dégagés.*

4

Croyances profondes ou pas

«Nul ne sait de quoi demain sera fait.
Dieu seul le sait.
Il faut s'en remettre à la grâce de Dieu.
Nous ne sommes pas maîtres, sur cette terre».

Ces propos émaillaient les conversations quotidiennes. Parfois, un «Ah ma pauvre !» placé juste avant, augmentait le caractère dramatique de cette incertitude du lendemain : «Ah ! Ma pauvre ! Dieu seul le sait !». Un soupir et un silence suivaient presque toujours, comme pour donner un temps de méditation à chacune des personnes présentes. Tel était le lot des humains : vivre sans connaître l'avenir. On croyait savoir parfaitement s'en accommoder !

Lorsque la cartomancienne, à la vogue de Tence, sortait de sa tente au toit rose en nous hélant, nous les jeunes, on lui ricanait au nez. On savait qu'elle allait lire, dans les lignes de nos mains, un bonheur tout aussi rose. On refusait d'écouter ces sornettes. La naïveté, ce n'était pas pour nous !

Cependant, j'ai souvenir, qu'une fois, l'idée lui prit, en réaction, de grommeler quelques mots incompréhensibles, entre ses dents serrées... On préféra aussitôt s'éloigner rapidement et vite se perdre dans la foule. Imaginez qu'elle ait eu l'idée de nous jeter un sort ! Prédire l'avenir était à coup sûr, comme le disaient nos anciens, une invention du diable. Elle pouvait peut-être, qui sait, nous mettre ce dernier à dos ! On n'y croyait pas vraiment, mais après tout, mieux valait ne pas prendre de risques.

Il y avait, j'en conviens, quelques contradictions, dans notre façon de penser ! Mais elles n'apparaissaient clairement à personne, ici. Les superstitions jouaient en effet un rôle important. Au fil des actes les plus quotidiens de la vie, elles pouvaient, tout au moins en paroles, faire ou modifier le cours d'un destin :

Une araignée aperçue le soir, c'est l'espoir.
Une, le matin, chagrin.
Un trèfle à quatre feuilles, un porte-bonheur.
Deux couteaux en croix, signe de malheur.

Le pain posé à l'envers sur la table, une provocation à Dieu, un non respect du travail des hommes qui, c'est sûr, se paieront cher.

Une bulle d'air qui se forme dans le goulot d'une bouteille, une visite pour demain.

Et si le chat fait sa toilette, plus d'erreur possible, la visite est alors pleinement confirmée.

Un chien hurle à la mort, un décès pour bientôt.

Un drap mortuaire mouillé par la pluie lors d'un enterrement, l'annonce d'un autre enterrement dans la famille.

Un vêtement enfilé à l'envers, un cadeau. Mais attention, il ne faut pas, même sur les conseils d'un Saint-Eloi compatissant, le remettre à l'endroit, sinon c'est un affront.

Une ceinture qui se dénoue ou se déboucle, c'est un amoureux *qué vous faï dé feillà*. Son amour s'effiloche et s'en va feuille à feuille : il va en voir une autre, ô gai vive la rose !

Un fil ou un cheveu foncé sur votre robe, un brun pense à vous. S'il est clair c'est un blond évidemment.

Une feuille qui tombe du saladier, quand vous tournez la salade, voici votre mariage retardé d'un an... deux feuilles, deux ans... trois feuilles, trois ans... Mieux vaut alors passer le saladier à quelqu'un d'autre, sinon...

Votre jupon dépasse, vous cherchez une belle-mère (serait-ce à cause de cela que l'on ne porte presque plus de jupons ?...).

Oublier de mettre dans sa poche, quelques espèces sonnantes au début du printemps et se laisser ainsi surprendre par le premier chant du coucou, sans argent : c'est la pauvreté pour l'année.

Laisser un enfant manger l'entame d'un saucisson ou d'un picodon (pire encore, paraît-il !), c'est arrêter sa croissance à tout jamais.

Le jour de la Saint-Jean, alors qu'accroupi vous sarclez des carottes, oublier de manger *la cailla*, vous en cuira vraiment. Les moustiques -aussitôt informés on ne sait comment !- se jetteront, voraces, sur toute parcelle de votre peau laissée visible... et vous persécuteront tout l'été.

Attention au chien, lorsque l'on conduit une vache au taureau. Qu'il ne suive pas ! Enfermez-le. Sinon celle-ci ne sera pas *pleine*. Tout sera à recommencer. Un chien qui accompagne *mange le germe*... Au figuré, bien sûr. Mais le résultat est le même.

Je ne sarcle plus les carottes depuis longtemps. Je n'ai donc plus aucune raison de manger le bon caillé frais, le 24 juin. Je n'ai jamais mangé l'entame de quelque fromage que ce soit, ma grand'mère ne l'aurait voulu pour rien au monde, mes parents non plus. J'ai donc grandi bien normalement. Je suis allée ailleurs. J'ai vécu autrement... Mais encore aujourd'hui, je ne supporte ni deux couteaux croisés sur une table, ni un pain renversé. Je n'aime pas la pluie lors des enterrements, et je cherche du regard la ferme où un chien hurle à la mort. Je manipule avec d'infinies précautions, le trèfle à quatre feuilles retrouvé entre les pages d'une vieille bible.

C'est ainsi : on ne sait jamais !

DE TOTO ET LILI EN ROUTE POUR LE CERTIF...

1

Faut aller à l'école

Des piaillements joyeux qui résonnent. Des sabots qui claquent sur le sol irrégulier, durci par le gel, dans le petit matin. Des formes encapuchonnées, à peine discernables, avançant dans la brume. La bande des petits écoliers va son chemin. Aux abords de chaque ferme, un «hou, hou !» lancé et la voilà qui s'enfle, un «hou, hou» adapté, pas n'importe lequel, bien sûr !

C'est qu'il en résonnait des «hou, hou !», dans nos campagnes. Difficile à imaginer, pour vous qui n'entendez aujourd'hui que leur silence. Ils étaient à la fois tous un peu les mêmes et pourtant très divers. Quelqu'un du pays ne s'y trompait pas. Il les identifiait aussitôt.

Il y avait les «hou-ou... hou-ou...» qui déchiraient l'air et tenaient chacune de leurs deux notes très longtemps. L'écho les renvoyait et ainsi ils se promenaient un moment dans les airs. On savait qu'ils avaient été lancés avec les mains en porte-voix. On savait aussi qu'il y aurait une réponse et elle ne tardait jamais. Un autre «hou-ou... hou-ou...» revenait, tout semblable au premier. C'était fait : entre deux troupeaux, la communication venait de s'établir. Les échanges commençaient alors, entre les bergers. Sonores et... courts, surtout, si on ne voulait pas avoir la voix rauque le soir !

Il y avait les «hou, hou !» précédés d'un prénom, qui s'égrenaient aux environs de midi et à nouveau quand le soleil avait disparu à l'horizon : «Re-e-née ! hou, hou !», «Pau-au-au-lette ! hou, hou !», «Po-o-o-pol ! hou, hou !». C'était le signal donné pour rentrer le troupeau. Ils n'étaient ni prolongés, ni aigus, l'essentiel était dans le prénom. Les vaches aussitôt levaient la tête à l'appel qui les concernait, sans jamais se tromper, et se mettaient en route (qui a dit qu'elles étaient bêtes !). Alors la litanie commençait «Ol, vol, vol, vol», «Ol, vol, vol vol», «Ol, vol, vol, vol»... Mélopée identique, répétée de troupeau en troupeau, coupée par quelques aboiements.

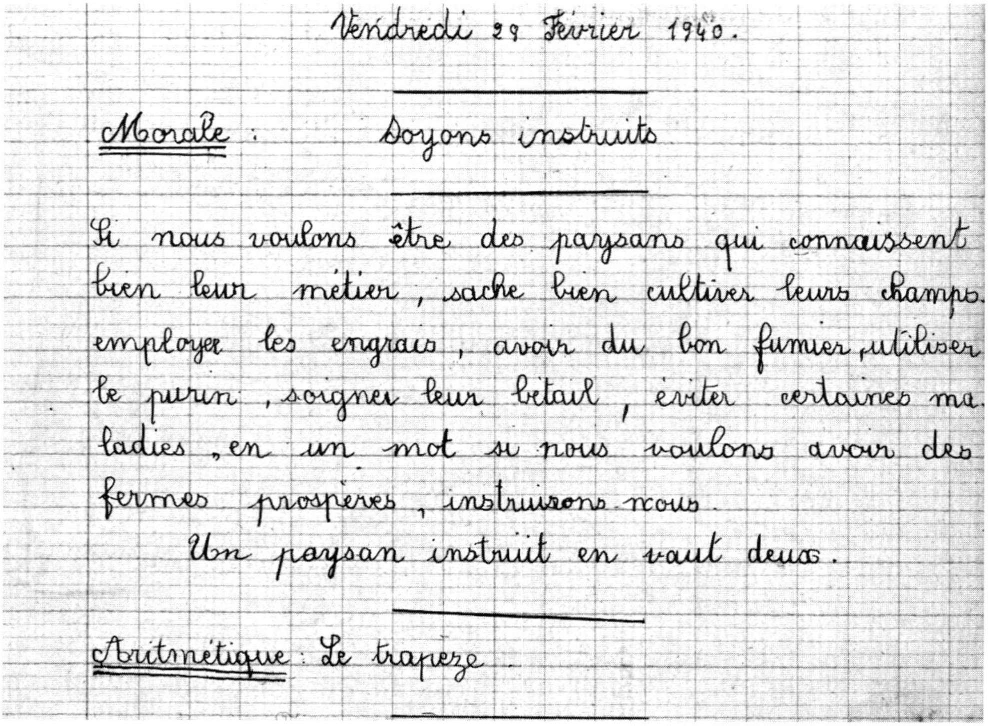

Vendredi 29 Février 1940.

Morale : Soyons instruits

Si nous voulons être des paysans qui connaissent bien leur métier, sache bien cultiver leurs champs. employer les engrais, avoir du bon fumier, utiliser le purin, soigner leur bétail, éviter certaines maladies, en un mot si nous voulons avoir des fermes prospères, instruisons nous.

Un paysan instruit en vaut deux.

Aritmétique : Le trapeze.

Extrait de cahier d'élève 1940

Ecole de Ladreyt : *Extrait de cahier d'élève (1940)*
Extrait du manuel «La lecture en riant»

toto mène la mumu à la pâture
la mumu ne va pas vite
toto tire.
rené tape

Extrait du manuel «La lecture en riant»

Et puis, il y avait aussi, un «hou, hou !» timide, qui se voulait clair mais discret... Réservé au dimanche. Les petits gars à la recherche des *payses* avaient poussé un coup de sifflet strident, pour s'annoncer. Toujours le même. Ce «hou-hou !» en réponse, qui venait des bergères, était invitation.

Notre «hou, hou !» d'écoliers, lui, était court, léger, lâché sans conviction. La plupart du temps, il ne servait à presque rien : ceux qui venaient grossir les rangs attendaient déjà sur le pas de leur porte. Dès notre approche, les petites pèlerines noires s'animaient. Cependant de matin en matin, à proximité de chaque maison, on le répètait, et ceci jusqu'à l'école...

Tenue d'écolière

Nous parlons, c'est évident de notre petite école de Ladreyt... Non, des Tavas vous voulez dire !... Non, disons plutôt de l'école du Pont du Cholet, puisque l'administration a toujours raison ! Bien difficile de choisir entre ces dénominations. Au tout début, avant sa construction, on avait fait classe au pont du Cholet (Le Cholet est un petit affluent du Lignon). Pour l'administration, c'en était fait : on enseignerait, quoi qu'il en soit, pour toujours, à l'Ecole du Pont du Cholet, même sans pont et même sans Cholet. Pour les gens, ce fut une autre affaire !

Certains la dirent «des Tavas», puisque le village s'appelait ainsi. Mais la petite gare du CFD qui desservait celui-ci, affichait fièrement sur son fronton : «Ladreyt». Il y eut alors, en quelque sorte les tenants de la gare... Et c'est ainsi que l'école garda toujours, pour nous tous, ses trois noms.

Pas de longue façade, avec deux portes bien symétriques, comme beaucoup d'autres écoles à deux classes. Elle est de taille modeste, plutôt ramassée sur elle-même, posée là, au carrefour des chemins... Sur le devant, aucune porte, seulement des fenêtres donnant sur le toit du petit lavoir en contrebas et sur les prés. On entre par les côtés : les petits d'un côté, les grands de l'autre. Les deux groupes se retrouvent finalement, juste séparés par une cloison mitoyenne. C'est ainsi qu'ils partagent les chants des deux classes et... les moments de colère des maîtres.

A l'heure de la rentrée, les élèves affluent par les quatre chemins. Ils montent du Genest, de Filetrame, ou descendent des Rioulouses, de la Rionde et du Coteau Fleuri. Ils viennent du Bois du Genest, du Nid, du Pont des Combelles ou de la route de Saint-Agrève... Et ce sont des cris, des rires, les bruits de sabots ferrés sur la pierre des deux escaliers.

Sur le seuil, bien campé sur ses deux jambes légèrement écartées, imposant dans son éternelle blouse grise, le maître accueille. Il sourit déjà de la plaisanterie qu'il tient prête, là, au bord de ses lèvres.

J'ai plus de six ans quand un beau jour de printemps, je fais enfin connaissance avec l'école des petits. Je sais presque lire, ma grande sœur a tant joué à la maîtresse avec moi ! Ainsi je côtoierai peu Toto, Lili, le filiforme Jojo et le gros René courant après le rat. Et c'est tant mieux !

Ces petits personnages élaborés d'un coup de plume, de la méthode d'apprentissage «En riant, la lecture sans larmes» ne me passionnent guère. Ils sont là, hilares, à chaque page. Mais je trouve bizarre que la mère de Toto tire la mumu, que Jojo mène la mumu à la pâture, que cette dernière donne du lolo, que bébé ait bobo.

Cela ne me fait pas pleurer certes. J'en ris même un peu sous cape. Et le soir, quand ma sœur y ajoute une pointe d'accent bêtifiant, c'est même la franche rigolade...

Mais on m'a tant parlé de l'école que je suis un peu déçue de ce langage bien spécial. Chez nous, à la ferme, il n'y a ni mumu, ni lolo !

Heureusement, j'habite loin et ainsi je manque souvent. La distance à parcourir est longue pour mes petites jambes, surtout dans la neige de l'hiver... Et puis toute petite, j'ai failli mourir... Une toxicose sans doute, deux ans seulement après le décès de ma petite sœur Elise. Ma mère a alors décidé, une fois pour toute, que je suis une enfant fragile. Vrai ou faux ? Je n'en ai jamais rien su. Ce qui est sûr, c'est que je n'ai fait à la petite école que de brefs passages.

De cette période je n'ai que peu de souvenirs. Si ce n'est ma hantise du «petit coin».

Je me revois, toujours à l'extrême limite, juste avant la catastrophe «pipi-culotte», quand les secondes sont comptées. J'avance à tout petits pas vers les deux cagibis, avec leurs toits à une pente, là-bas tout au fond de la cour. Le froid du loquet de métal dans ma petite main. Le ferraillement grinçant de la tige métallique qui monte et se dégage du gros crochet. Et la porte qu'il faut bien pousser, vu l'urgence.

Passe encore d'entrer. Il n'y fait pas tout à fait noir... Et puis je laisse la porte entr'ouverte. Mais ici commence l'insoutenable. Se retourner dans ce petit espace coincé entre quatre hauts murs, en évitant ce trou rond qui mène Dieu sait où. Comment être sûre de ne pas faire un faux pas et de glisser !... Peut-être va-t-il m'aspirer. Installer mes deux petits pieds, de part et d'autre de ce trou, et m'accroupir juste au-dessus : jamais !

Un immense vertige s'empare de moi. Et c'est alors que le liquide chaud commence à couler entre mes petites cuisses serrées. A moins que, dans un mouvement de subite indépendance, je n'aie décidé de laisser, sur le béton irrégulier du sol, une petite flaque fumante. Le résultat est le même : je sors accablée de honte et de culpabilité.

Jusque-là, depuis que je tenais sur mes petites jambes, j'avais toujours choisi le lieu où me soulager... Au pied d'un arbre, en regardant la fourmi qui risquait d'être inondée. Dans l'allée du jardin, pour arroser le plant de salade qui poussait hors de sa planche. Sous les sapins, sur le lit d'aiguilles sèches, qui pompait immédiatement toute trace d'humidité. Et le soir, sur le bord de la fosse à fumier en regardant gambader chevreaux ou petits veaux.

Chez nous, il n'y avait pas de cabinet. C'est un peu plus tard que se dressera un petit édicule en planches disjointes, à l'angle du jardin.

Photo de classe : école de Charreyrial

2

Maître, je n'oublierai pas

Mon passage à la grande école est un enchantement.

Le maître a beaucoup d'humour. Il est sévère, certes. Mais assis devant le premier pupitre, lorsqu'il rend, en les commentant, chacun des cahiers, il encourage. Sauf exception, bien sûr. Et exception, on l'est tous, un jour où l'autre. C'est qu'on a, chacun, non pas l'obligation de réussite mais l'obligation de progrès. Il sait que beaucoup d'entre nous resteront à la ferme. Mais il veut des agriculteurs ouverts et réfléchis. Ses élèves le seront. Pour lui, ces derniers comptent plus que tout.

Quand j'entends parler des «instituteurs, hussards de la République», c'est votre silhouette, cher maître d'école, que je vois se dessiner, c'est votre sourire bienveillant qui m'apparaît. Et je vous dis encore merci, aujourd'hui, d'être resté si longtemps, dans notre petite école rurale et de nous avoir tant donné.

L'odeur de la craie mêlée à celle du charbon. Celle de l'encre fraîchement préparée, ajoutée à nos senteurs corporelles d'enfants élevés parmi les troupeaux, et sans eau courante à la maison. Celle de la poussière chaude, roulant sur le plancher dans les fines gouttelettes d'eau, alors que nous arrosions. Je n'ai rien oublié.

Je vois nos grands pupitres, avec leurs encriers de porcelaine blanche toute maculée d'encre violette. La rainure où reposent, prêts à l'emploi, le porte-plume avec sa plume Sergent-Major très allongée ou Henry un rien triangulaire, le crayon d'ardoise engoncé dans son porte-crayon métallique, qui ne présente que son extrême pointe, nos crayons à papier grignotés par le bout (c'est fou ce que nous avons pu aimer les crayons !).

Les tableaux noirs remplis de grands résumés d'histoire, de géographie, de sciences, que nous copions sur nos cahiers de leçons, en tirant la langue pour mieux nous appliquer. Notre livre de lecture, le seul livre en notre possession.

Le bureau perché sur son estrade, où le maître ne s'assoit d'ailleurs jamais. On y dépose les cahiers en attente de corrections. Ces cahiers qui s'empilent au cours du jour, car le maître relit tout, annote tout. Des pages et des pages de résumés, en plus du «cahier journalier» de chacun.

Les cartes au mur. La carte muette surtout. Très importante, la carte muette pour l'interrogation. Ce petit filet bleu pointé par la baguette : la Loire ou la Seine ? Cet ovale strié de noir et de blanc : peut-être le bassin minier de Decazeville ou alors, qui sait, de Carmaux... ? Ce point rouge : Mulhouse ou Strasbourg ?

Photo de classe : école des Tavas

Au milieu de la classe trône le grand poêle en fonte. Ses tuyaux, retenus par quelques fils de fer, traversent la classe, au-dessus de nos têtes. Sur son couvercle ajouré sèchent parfois, après les parties de glissade, quelques-unes de nos *mites* (il ne s'agit pas d'insectes, mais de nos mitaines, en laine de pays pour la plupart). Dès que nous entrons, nous nous retrouvons tous, quelques instants, autour de lui, pour réchauffer un peu nos doigts gourds.

Dans un grand élan de lyrisme, l'un de nous écrivit un jour : «Qu'il est beau le poêle de ma classe, avec ses trois *arpillous* !», alors que nous devions décrire un objet familier. Cela nous fit rire...

Et pourtant, familier, il l'est, notre poêle ! Il faut vider ses cendres, chaque matin, l'allumer, le nourrir sans jamais oublier... Presque toute l'année, car la mauvaise saison est longue. Quant à l'image des *arpillous :* songez aux pattes du cochon ou alors du lion. Je sais que vous comprendrez.

Deux fois par semaine, a lieu l'opération du balayage de la classe : le mercredi soir et le samedi (veilles de congé). «Attention ! selon l'hygiène de l'appareil respiratoire, ne jamais balayer le sol sans l'arroser auparavant». Pas question de désobéir à cette règle écrite sur notre cahier de sciences et souvent répétée. D'autant plus qu'être préposé à l'arrosage est un vrai plaisir !

Notre arrosoir ? Un cône de métal percé à son extrémité, un peu rouillé, et muni d'une petite anse rigide. On court le remplir au lavoir. Ensuite, il ne suffit pas de le balancer, simplement comme un encensoir. Oh, que non ! La petite anse bien serrée dans le creux de la main, on impose au récipient tenu à bout de bras, d'amples mouvements circulaires. Les arabesques laissées sur le sol sont les témoins, fugitifs certes, mais témoins tout de même, devant les autres, de l'esprit artistique de l'arroseur. Et, croyez-moi, l'imagination est au pouvoir.

A la récréation -n'oublions pas que notre classe est mixte-, les jeux de garçons ont la cote. Violents parfois. J'ai souvenance de parties de «jeu de barres» mémorables ! Comme dans le jeu de l'épervier, nous nous envolons d'un bout de la cour, pour la traverser. Mais les attaquants sont là, à mi-chemin, aux aguets. Ils nous attendent, nous empoignent, nous maîtrisent. Durs corps à corps, avec tout ce qu'il faut de contorsions, de tabliers malmenés, de jeux d'esquive et parfois de griffures sur le nez. C'est que, pour nous faire prisonniers, ils doivent, non pas simplement nous toucher, mais nous «barrer» le front. Et cela, avec la paume de la main, bien nettement ! Plusieurs fois si possible pour éviter la contestation.

En hiver, la glissade a toutes les faveurs. Au moins pour les garçons. Ils la soignent, ils la chouchoutent. Ils enlèvent d'une pichenette, le petit caillou qui risque de s'incruster. Ils l'admirent, lisse et brillante comme un miroir.

Et le soir -quand le maître le permet- avant de partir, l'un d'entre eux y déverse un peu d'eau, pour bien préparer des lendemains qui glissent. C'est un régal de s'élancer là-dessus, bras écartés. Le bois des sabots racle la glace bruyamment. Et soudain, c'est le cri horrifié : «Tu la rayes !». Alors penaud, l'accusé lève le pied. Tous les yeux convergent vers sa semelle : c'est bien ça, ses sabots sont ferrés de gros clous à tête carrée. Le pauvre ! Le voilà interdit de jeu, tant qu'il portera ces sabots. Autrement dit, pour longtemps...

La discipline à l'école est stricte, mais je n'ai pas le souvenir de sanctions très dures. Quelques coups de règle ! Quelques tirées d'oreilles, c'est sûr ! Quelques lignes parfois. Il est vrai que certains de mes copains garçons -pardon, il faut dire «camarades», le mot «copains» est interdit à l'école- plus turbulents, sauraient mieux en parler.

Lucien, par exemple, qui se souvient d'avoir été un habitué des heures supplémentaires... des cinq à sept en tête à tête avec le maître. Au point d'être souvent rattrapé, sur le chemin du retour, par la nuit et ses bruits peu rassurants. Hébert qui vous raconterait avec beaucoup de verve ses cueillettes de doryphores sur les pommes de terre du champ jouxtant l'école. Une règle de grammaire non apprise ? Quinze doryphores à ramasser à la récréation ! Quand sonnait l'heure de la détente, jambes largement écartées au-dessus des plants, pour ne pas les léser, une petite boîte à la main, il cueillait, il cueillait les petits insectes. Cueillette étonnante, parfois difficile alors que de la cour arrivaient rires et cris. Il vous le dirait : mieux valait être le premier puni. Au fur et à mesure que se purgeaient les peines, les bestioles devenaient rares ! Le propriétaire du champ souriait, tout heureux...

J'aime l'école. Je m'en vais gaiement, en sabots, mon petit sac sur l'épaule. A l'intérieur, pour mon repas de midi, avec mes cahiers, un bout de pain, un peu de saucisson, ou un œuf dur et un morceau de fromage, jamais de fruit puisque nous n'en récoltons pas...

Il y a aussi, parfois, une petite bouteille d'eau rougie... Oui, quand *la minérale* est épuisée, à la cave ! Cela me donne quelque souci car le maître n'aime pas «les eaux rougies de vin» dans les musettes. Cela, je le sais. Mais voilà, moi, je n'aime pas du tout l'eau du robinet, pardon l'eau de *l'écluse*. Alors, délibérément, j'ai décidé d'ignorer la règle. Le maître ne m'a jamais fait de remarques... Je m'en étonne encore aujourd'hui. Peut-être que ma boisson était d'un rose tellement délavé que personne autre que moi ne pouvait en deviner la couleur. Ou alors...

Le goût acidulé m'en remonte à la bouche. J'avais raison : c'était moins fade et bien meilleur que l'eau de notre pré !

3

Le certif

«Vous croyez qu'il est intelligent ? Pff !... Pensez donc, si ça se trouve, il n'a même pas son certificat ! Le Roger, lui c'est différent, il aurait pu le passer à onze ans !».

C'est ainsi : le Certificat d'Etudes Primaires Elémentaires est, pour tous, le repère incontournable.

Il a tant d'importance qu'enfin obtenu, on l'encadre, et qu'il sert ainsi de décor, toute une vie durant. Je revois celui de ma sœur, trônant en bonne place, au-dessus du manteau de la cheminée.

A l'école, il est l'événement de l'année. Il est impossible à quiconque, ici, d'oublier longtemps qu'il aura à se confronter à lui. On en parle à tout moment.

Un mot illisible dans une dictée ? Cela comptera une faute au certif. Une dictée sans fautes ? Il faut relativiser : elle est plus courte ou plus facile qu'une dictée de certif. Un relâchement dans le travail ? Si cela continue, le maître ne pourra plus envisager de présenter le malheureux au certif. Menace prise au sérieux : on le sait : un bon maître ne doit jamais avoir d'échec au certificat. Il y va de sa réputation. Alors, bien sûr, la présélection est toujours dure !

Dès le mois de mai, l'entraînement devient intensif. Les candidats restent après la classe, chaque soir, pour une dictée supplémentaire.

C'est qu'elle a une telle importance la dictée ! Cinq fautes, et vous êtes éliminé. Et cela, quelles que soient vos autres notes à l'examen. Même avec un vingt en calcul !

Heureusement notre maître sait aller à l'encontre des idées du temps. Grâce au patois -oui ce patois banni des écoles- il va nous apprendre à débusquer un certain nombre de traquenards. «Nous avons la chance de connaître le patois, cela peut nous aider. Alors, tant mieux, profitons-en !» dit-il. Ensemble nous écoutons les deux langues, comparons, réfléchissons.

Lorsqu'une dictée est terminée, après la lecture normale, c'est notre relecture à nous... En patois. Quelquefois même, à haute voix, par l'un des nôtres. Et c'en est fini de l'angoisse des confusions entre infinitif, participe passé et imparfait des verbes du premier groupe. La prononciation en patois est sans équivoque : il a parlé *o parlo*, il parlait *parlavo*, parler *parlar*. Plus d'hésitations pour écrire « défendre » plutôt que « défandre ».

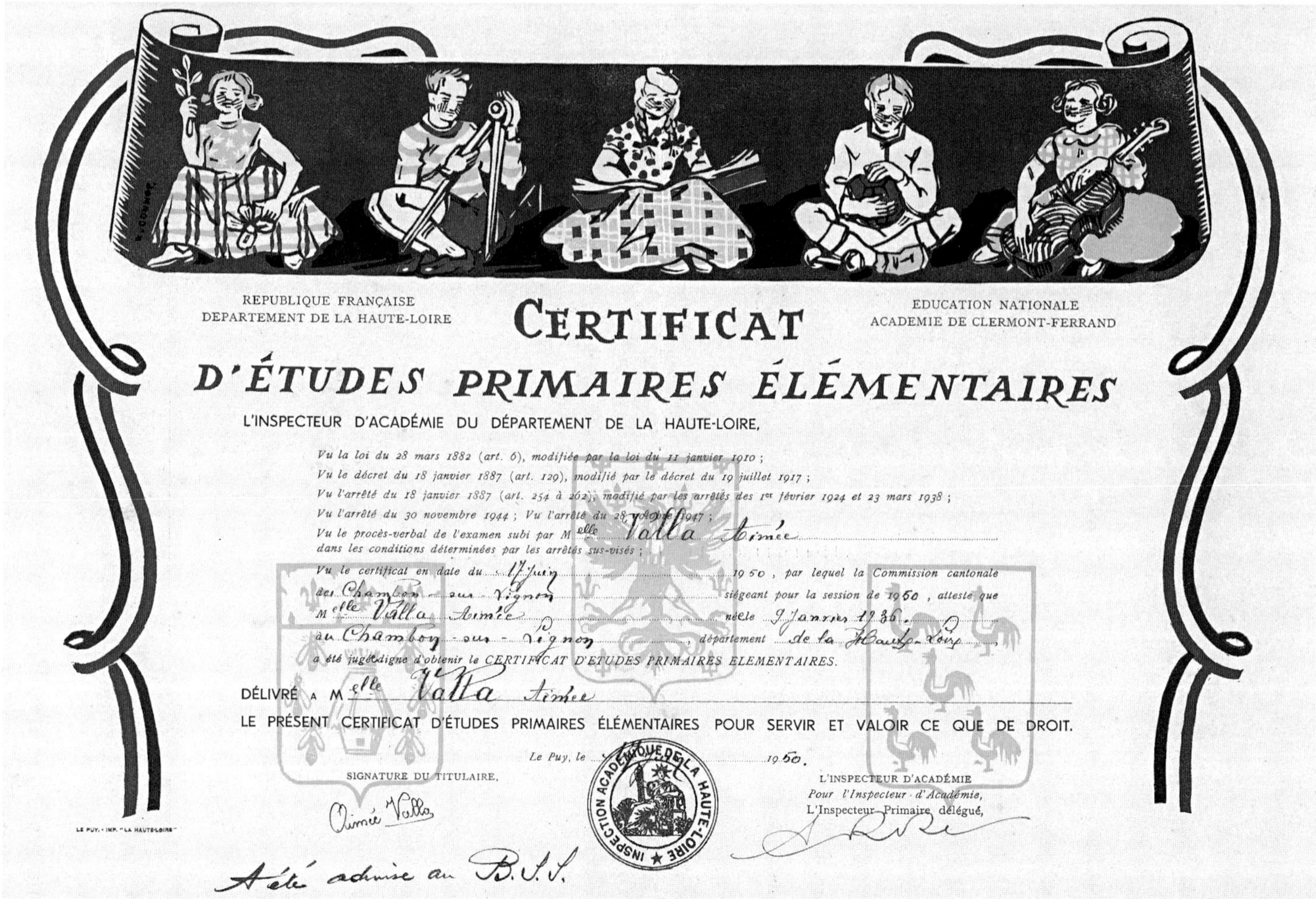

REPUBLIQUE FRANÇAISE
DEPARTEMENT DE LA HAUTE-LOIRE

EDUCATION NATIONALE
ACADEMIE DE CLERMONT-FERRAND

CERTIFICAT D'ÉTUDES PRIMAIRES ÉLÉMENTAIRES

L'INSPECTEUR D'ACADÉMIE DU DÉPARTEMENT DE LA HAUTE-LOIRE,

Vu la loi du 28 mars 1882 (art. 6), modifiée par la loi du 11 janvier 1910 ;
Vu le décret du 18 janvier 1887 (art. 129), modifié par le décret du 19 juillet 1917 ;
Vu l'arrêté du 18 janvier 1887 (art. 254 à 262), modifié par les arrêtés des 1er février 1924 et 23 mars 1938 ;
Vu l'arrêté du 30 novembre 1944 ; Vu l'arrêté du 28 ... 1947 ;
*Vu le procès-verbal de l'examen subi par M*elle *Valla Aimée*
dans les conditions déterminées par les arrêtés sus-visés ;
Vu le certificat en date du 17 juin *1950, par lequel la Commission cantonale*
du Chambon-sur-Lignon *siégeant pour la session de 1950, atteste que*
*M*elle *Valla Aimée née le* 9 janvier 1936
au Chambon-sur-Lignon*, département* de la Haute-Loire,
a été jugée digne d'obtenir le CERTIFICAT D'ETUDES PRIMAIRES ELEMENTAIRES.

DÉLIVRÉ A Melle Valla Aimée
LE PRÉSENT CERTIFICAT D'ÉTUDES PRIMAIRES ÉLÉMENTAIRES POUR SERVIR ET VALOIR CE QUE DE DROIT.

Le Puy, le ... *1950.*

SIGNATURE DU TITULAIRE,
Aimée Valla

L'INSPECTEUR D'ACADÉMIE
Pour l'Inspecteur d'Académie,
L'Inspecteur Primaire délégué,

INSPECTION ACADÉMIQUE DE LA HAUTE-LOIRE

LE PUY. - IMP. "LA HAUTE-LOIRE"

A été admise au B.S.S.

Ecoutez : «an» c'est *an* mais «en» c'est *è-n*, on dit : le *vè-nt* pour le vent et le *banc* pour le banc... et en prime, pour chacun de ces deux mots, elle vous offre le «t» ou le «c» de la terminaison. Plus d'hésitations non plus entre «se» et «ce». Pensez ! On dit *aqueste makhi* -ce matin- et *se premenavo* -il se promenait-.

J'entends encore sonner dans ma tête ta voix, Michel, redonnant à nos oreilles du Vallès ou du Giono en patois. Toi qui avais tant de difficultés en classe, j'espérais toujours que tu sois notre lecteur ! Et le maître te désignait souvent, d'ailleurs ! Tu lisais si bien dans la langue de nos parents, qu'aussitôt le mot se corrigeait. La terminaison en «er» ou «é» ou «ait» semblait couler de mon porte-plume, pour s'installer sur le papier.

Chaque matin, on s'entraîne aussi au calcul mental.

Assis devant la première table, une règle à la main, le maître énonce la question. Le silence alors pétrifie la classe. Je me demande même si, parfois, celle-ci n'oublie pas de respirer.

Clac ! La règle s'abat d'un coup, de toute sa longueur, bien à plat, sur la table. Et c'est un vrai remue-ménage : les mains empoignent les crayons, les têtes plongent. Et ça crisse sur les ardoises.

Clac ! La règle frappe une deuxième fois. Et c'est le départ bruyant des ardoises, pour un envol lointain, au bout de bras prolongeant des corps tendus. Certaines, cependant montent un peu moins haut... La hauteur dépend beaucoup de la confiance mise en la réponse. Quelques courtes remarques et on efface aussitôt...

Vous croyez certainement, a priori, qu'effacer une ardoise, est chose simple à imaginer. Eh bien, détrompez-vous, les procédés ne manquent pas.

Quelques élèves ont déjà sorti de sa boîte une merveilleuse petite éponge de couleur, qui en fait rêver plus d'un. Ils sont très rares et... fiers. Cependant, j'en conviens, celle-ci peut causer quelques soucis. Il faut l'humidifier, tout vient de là ! Et... pas question d'aller au bassin n'importe quand ! Alors, certains transportent, dans leur cartable, un petit flacon rempli d'eau. Et, même à peine entr'ouvert, celui-ci peut ouvrir quelquefois tout grand la porte à d'immenses catastrophes !

D'autres utilisent un simple *petas* effiloché de toutes parts.

Quelques autres, un vrai «chiffon d'ardoise», coussinet bien carré, bien rebondi, aux belles couleurs. Je suis de ceux-là bien sûr ! L'Eva qui coud a toujours, dans son placard, quelques restes de tissu qui font juste l'affaire. Je me souviens d'un, taillé dans un écossais rouge et noir, au bout d'un fin cordon tressé. Une petite merveille quoi ! Attaché en permanence, au cadre de bois blanc de mon ardoise.

Et puis, reste, pour quelques-uns, le plus vieux procédé du monde. A cause d'un chiffon ou d'une éponge égarés, ou simplement par jeu. Pfutt !

7. — ARDECHE - Examen unique pour le département - Session 63

REDACTION. — I. Nous avons eu cette année, un hiver très rigoureux. Dites ce que vous avez observé et faites-nous part de vos réflexions.
II. Vous abordez la première épreuve de l'examen du certificat d'Etudes. Dites vos espoirs, vos craintes et comment vous envisagez le retour chez vous ce soir.

ORTHOGRAPHE. — Un orage. — Avec la chaleur du jour, s'éleva **une brume laiteuse.** Le tonnerre se mit à bavarder d'un bout à l'autre du ciel. Puis, sur un appel plus violent, quelques grêlons roulèrent, mais sans trop de mal pour les fleurs. Après quoi, un vent frais fit remuer sur la terre les images rondes du soleil qui riait **à travers les branches.** Ce n'était qu'un prélude. Le vrai spectacle était pour le soir. Avant la fin du long crépuscule qui imitait la clarté lunaire, on entendit des grondements tout autour de l'horizon. **Chacun** des orages parlait à sa manière, l'un murmurant, l'autre crépitant. **Tout à coup,** il s'éleva un vent impétueux, et un nuage noir, semblable à une épaisse fumée, vint sur nos têtes. Ce fut un vacarme et un embrasement. — Alain.
Questions. — 1. Donnez le sens des expressions suivantes : **« se mit à bavarder » — « les images rondes du soleil » — « un embrasement ».**
2. Donnez le contraire de l'adjectif **« frais »** dans les trois expressions : **un vent frais — du pain frais — les légumes frais.**
3. a) Fonction des expressions : **une brume laiteuse — à travers les branches — tout à coup.**
b) Nature et fonction de **« chacun »** (chacun des orages).

CALCUL. — I. Un réservoir à mazout a la forme d'un parallélépipède d'une profondeur intérieure de 1 mètre.
1° Quelle fraction de sa capacité totale contient-il actuellement si le niveau du mazout s'élève à une hauteur de 10 centimètres ?
2° On y ajoute 150 litres de mazout et le niveau atteint alors 85 cm. Calculez en litres la capacité totale du réservoir.
3° Quelle est, en litres, la consommation journalière de mazout si le niveau baisse de 4 cm par jour lorsque le poêle fonctionne.
II. Un père de famille veut acheter un récepteur de télévision qui, tout installé, lui reviendrait à 2 200 F.
1° S'il payait comptant, le vendeur lui accorderait une remise de 5 %. Quel serait alors le prix de revient de l'appareil ?
2° Comme il ne dispose que de 500 F, le vendeur lui propose un règlement à crédit : 500 F à l'installation et 18 mensualités de 101,50 F. Quel serait alors le prix de revient de ce récepteur ?
3° Il préfère solliciter d'une banque un prêt qui lui permettrait, en payant comptant, de bénéficier de la remise. Quelle somme devra-t-il emprunter ? Ce prêt lui étant consenti pour 2 ans au taux de 6 %, quel sera le prix de revient de l'appareil ?
4° Combien économisera-t-il en choisissant cette dernière solution ?

SCIENCES. — Q.C. — Citez 4 appareils utilisés dans une station météorologique. Dites à quoi sert chacun d'eux.
F. — Quelles sont les différentes sortes d'allaitement d'un bébé ? Quel est le meilleur ? Pourquoi ?
Pourquoi les jus de fruits crus sont-ils indispensables au bébé nourri au biberon ?
G. — Accumulateur, dynamo, bougie, bobine, démarreur, de ces 5 appareils, l'un produit l'électricité. Lequel ?
Un autre en dépense. Lequel ?
Un autre l'emmagasine. Lequel ?
Un autre élève sa tension. Lequel ?
Un autre produit l'étincelle qui enflamme le mélange explosif. Lequel ?

HISTOIRE. — 1. Quels événements vous rappellent les dates suivantes : 843 et 1492 ?
2. L'Edit de Nantes : en quelle année fut-il signé ? Par qui ? Pourquoi ?

GEOGRAPHIE. — On tracera au tableau noir le contour de l'Amérique du Sud. Reproduisez ce croquis et sur ce croquis situez et nommez : le fleuve le plus important, une grande chaîne de montagnes, l'équateur, une grande ville, un cap.

DESSIN. — Tracez trois silhouettes d'animaux. (A votre choix).

COUTURE. — Assembler 2 morceaux de tissu par une couture rabattue à points de côté sur 10 cm de longueur. Marquer la lettre A au point de croix.

Epreuves d'un certificat

Un discret *escupi,* autrement dit une giclée de salive, bien dirigé sur l'ardoise. Un coude qui l'étale, d'un mouvement vif, de gauche à droite, en virtuose. Et, voilà, pas vu, pas pris. L'ardoise est nette. La manche de la blouse un peu moins ! Et le pauvre maître n'y pourra jamais rien !

Pour avoir toutes les chances de réussite, il faut nous familiariser avec les conditions de l'examen. Pour cela, des examens blancs sont organisés, avec les autres écoles de hameaux. Souvent, c'est nous qui recevons. Cela crée toute une animation. Il faut le dire, c'est un peu la fête.

Les candidats de Cheyne, de Charreyrial, de La Bruyère arrivent, bien proprets, avec leurs petits cartables. Ils se groupent, muets, tapis dans un coin de la cour. C'est qu'ils sont anxieux, il y a de quoi ! Mais intimidés aussi, car notre école à deux classes est déjà beaucoup plus importante que leur petite classe unique !

4

J'irai en sixième

Il ne me présentera pas au certificat, le bon maître d'école de Ladreyt, des Tavas ou du Pont du Cholet.

Il s'est mis une autre idée en tête. Il veut que je continue mes études.

Par un après-midi de début de printemps, sa voiture est entrée dans la cour des Garnes. J'ai tout de suite deviné que c'était lui. D'abord des voitures, il n'en circule pas tellement ici... Et une qui vienne jusque chez nous ? A part le médecin ou le vétérinaire, le pasteur ou la diaconesse (c'est l'infirmière du Diaconat protestant qui fait les piqûres), qui d'autre ? Et puis, à plusieurs reprises, le maître avait dit qu'il voulait voir mes parents.

Moi, j'avais bien essayé d'expliquer, à la maison, que je pourrais passer l'examen d'entrée en 6e et même sûrement réussir. Mais maman avait dit que le Chambon était bien trop loin, que j'étais trop fragile pour faire tant de vélo. Et l'hiver, j'y avais pensé ? Je mangerais où ?... Papa, lui n'avait rien dit. Il avait eu l'air d'acquiescer aux paroles de maman, puisqu'il faisait «hum ! hum !», en opinant de la tête. Toutefois, il semblait réfléchir.

Ce jour-là donc, le maître est venu expliquer. Longuement.

Oh ! Bien sûr, je ne me souviens pas de ses paroles. Sans doute que j'étais capable de faire des études, qu'il fallait à tout prix essayer. Il serait temps de voir, un peu plus tard, si cela me fatiguait trop ! On trouverait bien une famille pour me loger quelques nuits en hiver et me faire manger à midi. Maman a dû sortir ses arguments contre.

Ce qui est clair dans mon esprit, c'est que papa a tout écouté avec une attention qui ne trompait pas. J'ai compris qu'il avait envie que j'essaie ! Moi aussi. On était tous deux d'accord !

Hélas ! la chance n'était pas de notre côté. Quelques jours après, la nouvelle a balayé la campagne, jusque chez nous : plus d'école, le maître est malade ! Et il ne s'agit pas d'une grippe, mais d'une vraie maladie, une maladie qui risque de durer longtemps... Une maladie qui tuait mon rêve !

Bientôt, on nous avise cependant que l'administration a résolu le problème du remplacement de notre maître ! Il suffisait d'y penser. On nous répartit, nous les grands élèves de cours moyen et fin d'études, dans les écoles des alentours : le Chambon, la Bruyère, Cheyne. Moi, je fais partie du lot que Cheyne attend. Enfin, «attend», c'est une façon de s'exprimer. Je vois bien que le pauvre maître, en fait, n'attendait personne... Il avait déjà bien assez à faire avec sa classe unique. Et faire lire les petits, et donner le travail aux moyens. Et voilà que de notre côté, maintenant résonne, à tout bout de champ, un «Monsieur, ça on ne l'a pas fait à notre école !» ou, au contraire, un «Monsieur, ce problème, on l'a déjà fait !» .

Je trouve que, vraiment, il n'a pas le temps de s'occuper de nous. Au bout de quelque temps, je décide péremptoirement, de ne plus aller en classe du tout. Et personne n'y trouve rien à redire... Enfin, personne ?... Disons personne, pour l'instant...

Quand le maître revient en convalescence chez lui et que la rumeur l'informe, il n'est pas content du tout. Il vient aussitôt dire son désaccord.

Mais malgré sa maladie, malgré mon «école buissonnière», son idée est toujours là.

Il annonce le programme : j'irai chez lui travailler, deux fois par semaine. J'irai à vélo, histoire de prendre l'habitude de rouler. Il me donnera du travail, des livres... Je réussirai. A la rentrée, je serai en 6e.

Il n'a laissé aucun espace pour placer des réponses. Alors, on a tout fait comme il a dit... y compris la réussite à l'examen d'entrée en 6e.

Quant au certificat... Je l'ai passé quand même, en 4e, au Cours Complémentaire. Sinon, le Firmin et l'Eva auraient été déçus. Il leur *aurait su mal* que leur fille ne l'ait pas.

DE TOUT PETITS RIENS POUR UN GRAND BONHEUR

1

Jeux et jouets d'un autre temps

L'on ne m'a jamais acheté de jouets. A part des billes de terre -et parfois, comme une folie, quelques agates-, qui coûtent peu et qui font fureur dans notre cour de récréation. Et un jeu de dominos en bois rouge. J'ai toujours trouvé cela normal : ils étaient trop chers pour nous.

Cela ne m'a pas empêchée de beaucoup jouer, pendant mon enfance. Il y a les cordes que me prête mon père. Savez-vous que celles qui d'habitude conduisent vaches et veaux au marché, font merveille pour sauter à la corde. De bien plus gros calibre que les fragiles cordes-jouets, elles décrivent au-dessus de ma tête, de vrais arcs de cercle bien assurés, bien arrondis. J'entends encore leur claquement qui sonne fort sur le plancher, lorsqu'en mes mains elles tournent.

Il y a les *bouffe-chats,* que le Firmin me fabrique, en hiver, lorsqu'il a le temps. Il découpe une rondelle dans une plaque de bois. Il la dentelle finement sur le pourtour. En son centre, il perce deux trous. J'y glisse une longue ficelle, et je la noue. La boucle ainsi formée s'accroche aux deux extrêmes, à deux doigts de chacune de mes mains écartées au maximum. Et je la fais tourner, tourner. Et la rondelle décrit de multiples petits cercles. Alors je sens que le moment est arrivé de jouer sur la tension de la ficelle, et la rondelle vibre et elle vrombit... Vrai de vrai, je crois bien que son ronronnement imite un peu celui du chat !

Le couvercle du kilo de sucre «Say» en léger carton marron, plié et replié, devient portefeuille, entre les doigts noueux de ma grand'mère. J'y range soigneusement, comme autant de trésors précieux, mes bons points et toutes mes images.

Et le papier d'argent des tablettes de chocolat, un vrai plaisir ! On installe la feuille sur ses genoux. On la lisse longuement du plat de la main. On la balance en l'air, plus ou moins haut, plus ou moins vite. Elle se met à bruisser doucement : musique à peine audible, un peu magique... On accentue le mouvement... On agite la feuille en tous sens... Je vous assure qu'elle se met à chanter !.

J'ai aussi, il faut le dire, de nombreux jouets vivants. Les bébés lapins. Les chevreaux capricieux qui gambadent comme des fous et grimpent sur mes épaules, dès qu'on ouvre leurs cages. Hélas ! -car il y a un hélas !- un jour, un marché nous sépare pour toujours. Je sais qu'il doit en être ainsi, mais la raison n'empêche pas la peine. J'essuie en cachette une larme au coin de mes yeux.

Il arrive aussi que l'on garde des petits chats, des bébés chiots.

Je me souviens d'un temps où mon chat préféré a joué vraiment le rôle de la poupée dont nous rêvions avec ma petite voisine. Sous le grand tilleul de la cour, je revois sa chambre : un vieux bachat de bois, que le Firmin a délaissé pour un bel abreuvoir en ciment, flambant neuf. Nous préparons au chaton, un doux lit de mousse. Souviens-toi, Paulette, de l'attention que nous mettions à le border tendrement. D'accord, il n'aimait pas spécialement être couvert ! La chaleur de sa fourrure lui suffisait. Mais il nous aimait tant, qu'il émettait un petit miaulement agacé et fermait sagement les yeux. Un bébé modèle !

Et nous nous affairons à cuisiner, à faire la vaisselle... Délicate, cette opération ! Notre dînette est un ensemble de tessons de faïence, ramassés ça et là. Bien lavés, j'en conviens ! Mais coupants, c'est sûr. Nous étions habituées : je ne me souviens d'aucun accident.

A huit ans, j'attrape les oreillons, et c'est tant mieux ! Surtout ne me plaignez pas... Je vais vivre un des plus merveilleux souvenirs de mon enfance. Sidonie, une cousine de ma mère, vient me rendre visite. Elle pose sur mon lit, devinez quoi ? Incroyable... Une poupée ! Oh, une poupée qui a déjà vécu, certes. Mais elle est belle, belle... Toute blonde. On m'explique que Simone, la petite-fille de Sidonie me l'offre. Dans cet instant de grand bonheur, je deviens maman et... muette pour un temps... Le temps d'admirer ma fille. Dans ma petite tête, s'impose aussitôt le prénom : par reconnaissance, je l'appellerai Simone, c'est décidé !

Jusqu'à l'adolescence, Simone m'accompagnera. Quant à l'autre Simone, qu'on le lui dise : je n'ai jamais oublié son geste d'enfant !

2

Magie de Noël

Comme tous les enfants, je crois au Père Noël. Simplement je crois en un Père Noël sans fortune, à la hotte peu chargée. Cela n'a pas une grande importance. L'essentiel c'est qu'il va venir, par l'immense cheminée, se laisser glisser dans ce tunnel noir râpeux, accepter de salir sa fourrure blanche et son beau manteau. Pour moi. Quel merveilleux cadeau de Noël !

Je sais que cela lui est possible...

Un jour, la suie s'est malencontreusement enflammée à la sortie du tuyau de la cuisinière et un feu de cheminée s'est déclaré... Papa et maman se sont agglutinés sous le grand manteau de la cheminée, tout près du tuyau, pour lever leurs regards conjugués et mieux scruter le long conduit. Discrètement, je me suis faufilée entre eux et quand le voile de fumée s'est estompé, j'ai vu, médusée, un carré de lumière découpé dans le ciel.

La descente sera difficile, certes !

Je sais la suie noire, collante, grasse, un rien luisante qui adhère au mur et je sais aussi la poudre de suie toute fine, qui vous entre dans les narines, et vous fait moucher noir quand maman ramone.

Mais il viendra malgré tout, j'en suis sûre !

J'installe avec soin mes sabots sur le rebord arrière du fourneau. Je bouscule même un peu le chat, qui, les yeux mi-clos, daigne à peine se pousser.

Mes parents, ma sœur m'imitent... Il est même arrivé que l'un d'eux mette ses énormes bottes. Oui, comme ça, pour tenter d'avoir plus de cadeaux ! Le Père Noël pourrait se tromper, ne serait-ce qu'une fois !

Le matin, je bondis de mon lit, et... je ne suis jamais déçue. Il comprend tout : on ne peut pas le berner.

Dans mon sabot, brille le papier frisé des papillottes. Et bien blottie contre la bride en cuir, comme si elle voulait se cacher, repose l'orange de Noël, *le poun d'aouranjà,* «la pomme d'orange», comme dit encore ma grand'mère.

Quant aux adultes, ils trouvent dans leurs chaussures une poignée de paille, une poignée de foin. Et une fois, comme un avertissement, dans les hautes bottes, le long pique-feu de la maison ! Le Père Noël ne descend que pour moi. Il est mystère, rêve, amour.

J'ai le cœur rempli de reconnaissance.

C'est cela, la fête de Noël, avec en plus les arbres de Noël. Il y a celui de La Bâtie de Cheyne, dans une cuisine de ferme.

On se presse sur les planches posées sur deux chaises en guise de bancs. Elles gémissent sous le poids des corps, elles ploient quelque peu. Alors des petits cris s'élèvent. Des rires s'étouffent derrière les cache-nez. Et un brouhaha charmant s'installe.

Les parents assis au premier rang se retournent, jettent un regard mi-complice, mi-réprobateur. A l'arrière, on se baisse un peu. Des dos serrés s'agitent pour faire écran. Et on rit tous un peu plus fort. Cela fait partie du jeu.

Puis soudain, un des trois uniformes bleus, jusque là tous immobiles, sous la lampe, s'anime. Et la trompette se met à jouer.

L'instant est magique. Tous les bruits s'éteignent. On retient son souffle. Les cous se tendent pour porter le plus haut possible les têtes. Les regards convergent vers les soldats de l'Armée du Salut.

Immenses, près du petit sapin, souriants, ils viennent d'entonner :

«Il est né le divin' enfant,
Jouez hautbois, résonnez musette.
Il est né le divin' enfant,
Chantons tous son avènement» .

Et leurs chapeaux frôlent la dentelle de l'abat-jour qui se met à danser. Et la petite flamme vacillante de la dernière bûche, dans le foyer presque éteint, s'élève soudain. Et bientôt toutes les voix mêlées, de la plus belle à la plus hésitante, chantent à l'unisson l'espérance que Noël met dans les cœurs.

La mandarine remise à chaque enfant prend alors un goût de bonheur.

Enfin arrive le grand jour, le jour de l'arbre de Noël du Chambon. Autrement dit le vingt-cinq décembre. Ou, si vous préférez, Noël tout bonnement !

Dans le grand Temple, on a dressé l'immense sapin de lumière. Il hisse fièrement sa brillante étoile symbolique, jusqu'à la voûte de l'édifice. Il scintille de tous les feux de ses guirlandes d'argent.

Pour nous, jeunes adolescents, il est impensable de manquer l'arbre de Noël ! Aussi, rien, jamais, dans les conversations, ne peut évoquer un temps pire que ces quelques mots : «Il a fait mauvais, pensez donc, on n'a pas pu aller à l'arbre de Noël !». Dans l'imagination de celui qui écoute, la bise alors se met à siffler et lui coupe le souffle, les congères s'amoncellent à ses pieds. Il sent le froid glacial le transpercer de part en part.

Noël, c'est la venue d'un sauveur... Mais c'est aussi cette bienfaisante chaleur de la rencontre dans ce Temple plein à craquer... Les rires de la jeunesse fusant dans l'escalier étroit qui conduit à la tribune. Les enfants assis en arc de cercle, au pied du grand sapin, les yeux emplis d'étoiles comme autant de reflets de celle de Noël. Et, juste devant eux, dans la demi pénombre, les allumeurs de bougies multipliant les petites flammes dans les branches basses.

Puis les grandes lattes vacillantes, tendues à bout de bras, avec leur petite chandelle en bout, qui s'en vont, porter la lumière, jusqu'aux bougies les plus élevées. Pas facile toujours ! Elles frôlent les mèches, les caressent d'abord du bout de leur flamme, une fois, deux fois. Un peu comme si elles devaient les apprivoiser !... Mais chaque fois, finalement, le miracle se produit. Une flamme toute ténue jaillit... et elle se gonfle, à l'unisson, avec le «aaah !» de l'assistance qui monte crescendo.

A l'odeur des bougies, se mêle un chaud parfum de résine qui vous emplit les narines. Alors le solitaire oublie la place toujours vide dans le lit glacial. Les vieux membres perclus de rhumatismes taisent leur douleur quelques instants. Et c'est tous, avec un cœur d'enfant que nous entonnons : «Mon beau sapin, roi des forêts».

Debout, serrés les uns près des autres, suivant à deux ou trois sur le même cantique, on chante, on chante encore. Et quand monte l'autre cantique traditionnel :

«Salut, blanche Etoile,
Au plus haut du ciel !
Rayonne sans voile
Splendeur du premier Noël !»

mes yeux s'accrochent à l'étoile argentée du grand sapin et ne la quittent plus. Alors, je vois les bergers et les mages avancer en hésitant sur leur chemin. L'Etoile se met à cheminer avec eux... Exactement, comme tout à l'heure, la lune cheminera avec nous, pour le retour. Je la vois se figer. Je suis éblouie par sa lumière qui redouble. Dans ma tête, il est là, le toit enneigé de la bergerie où dort l'enfant ! Il se met à scintiller de mille paillettes, pris dans son cône de lumière. Et c'est dans ces moments-là que s'est enracinée en moi, et pour toujours, la certitude que l'Etoile de Noël ne laissera jamais personne au monde se perdre tout à fait !

Puis c'est la lecture du récit de Noël. Le même texte, chaque année. Le pasteur Theïs s'avance. Il ouvre le Livre avec délicatesse et respect. Et chacun de ses gestes a je ne sais quoi de lent, de recueilli.

Alors s'installent le silence et l'attente de la merveilleuse histoire de Noël que nous connaissons tous : le recensement, Marie enceinte et Joseph fatigués de marcher et la naissance de plus en plus imminente !

Quand l'humble étable devient leur refuge et que la voix grave annonce : «Il n'y avait pas de place pour eux dans l'hôtellerie», l'émotion se lit sur les visages. Quelques hochements de tête accompagnent le passage.

Noël, c'est aussi ce questionnement qui nous est adressé : aurions-nous su accueillir Jésus et ses parents ?

On conte une histoire aux petits enfants. Quelques friandises leur sont offertes. Et bientôt, la grande porte à deux battants s'ouvre sur le froid du dehors, le vent de l'hiver et la neige. Il faut partir dans la nuit qui tombe. Mais chacun emporte précieusement, au fond du cœur, un peu de la chaleur de Noël.

3

Veillées

Quand dehors siffle la bise glacée de la tourmente et que, dans la cheminée, flambe un grand feu, ensemble on est bien. La lampe, descendue tout au bout de sa suspension, illumine le cliquetis des aiguilles de fer qui inlassablement font leur ronde pour monter leur chaussette. La lumière vacillante des flammes éclaire les hommes, toujours un peu à l'écart.

Les veillées sont un des charmes de l'hiver. Nul ne sait à quel moment précis elles démarrent. Elles s'installent à l'insu de tous, dès que les jours se font courts.

A bien y réfléchir, c'est peut-être avec la récolte des carottes -je veux dire des *pestenailles*- qu'elles entrent chez nous. Quand le lourd tombereau, chargé à plein, bascule sur le sol en terre battue de l'étable, son chargement de bottes colorées ! J'ai oublié de vous dire : l'on ne récolte jamais les *pestenailles* en vrac. Oh que non ! Au fur et à mesure de l'arrachage, on fait de jolis paquets : une poignée de carottes avec leurs fanes dans un sens, une autre poignée tête-bêche, et ainsi de suite. Et on lie la botte avec quelques brins de paille, comme dit la chanson.

Ces soirs-là, le travail de l'écurie achevé, toute la famille se met à *déchabisser*, à ôter les fanes des carottes, les *chabisses,* dans notre vocabulaire à nous.

En cercle, nous voilà tous assis sur un tabouret à traire, ou à genoux sur un vieux sac. Chacun s'empare d'une botte. Un mouvement de torsion rapide impulsé à chacune des carottes, et de partout craquent les tiges. Les bottes pirouettent sur elles-mêmes, une fois, deux fois, trois fois, alors que les mains fouillent parmi les feuilles frisées. Puis, allégées de la dernière racine, elles sont jetées à l'écart. Les langues vont leur train. Les mots se dévident, accompagnés du bruit mat des carottes qui tombent sur le gros tas central, lancées par les mains prestes. Je crois que ces soirées sont les prémices des veillées de la saison.

Jusque-là, on se couchait sitôt le nez sorti du bol de la soupe du soir. C'en est fini ! Après le souper, on sent le besoin de vivre encore un peu ensemble. Oh, certes pas très longtemps. Mais déjà, avant d'aller au lit, les femmes tricotent un peu, en papotant. Chaque soir un peu plus longtemps... C'est ainsi qu'en plein cœur de l'hiver les veillées ont atteint leur maximum.

Alors là, même le Firmin a son ouvrage : il rempaille des chaises. A côté, dans un seau, trempent de belles tiges de seigle sélectionnées avec soin. Devant lui, la chaise dénudée oscille d'un pied sur l'autre. C'est qu'entre les montants de celle-ci, ses mains guident le cordon de paille finement tordue, qui passe et repasse... raccourcit, raccourcit, sans -et c'est cela la surprise-se terminer jamais... Le Firmin tire deux ou trois brins hors du seau. Il les agite pour les égoutter : il me semble même que quelques gouttelettes projetées -comme cela arrivait souvent- viennent d'effleurer ma joue. Ses grosses mains enfilent, l'une après l'autre, chacune des tiges au sein du cordon restant. Celles-ci alors, sagement, s'imbriquent dans les autres...

C'est ainsi qu'il continue inlassablement, le cordon de paille vrillant entre les doigts rugueux, et les mailles s'ajoutent aux ouvrages des femmes et les mots s'égrènent dans le calme du soir.

Mais les vraies veillées, celles dont on parle, ce sont celles où l'on se rencontre entre voisins. Que l'Eva dise : «La Mélie nous attend ce soir pour la veillée !» et aussitôt, il y a de l'effervescence dans l'air.

On avale rapidement la soupe du soir. Inutile de s'attarder à table, chacun sait bien qu'il y aura le *réveillon,* vers minuit ! On porte dans les lits les *moines* remplis d'eau quasi bouillante -faut qu'ils *tiennent* chauds jusqu'au retour !-. On a préféré laisser le feu s'éteindre : en cas...

On s'enveloppe de manteaux ou de pèlerines. Les fichus bien moelleux s'enroulent autour des cous. Le Firmin a enfilé le *passe-montagne* de laine -à minuit, il gèlera dur !-. Et nous voilà partis. La lune monte, au-dessus des pins, son disque roux énorme. On est tous d'accord : «Un beau soir pour aller veiller, il fait presque clair comme en plein jour !».

A l'arrivée, c'est l'accueil chaleureux :

Saquà vou viste, qué faï èn fri de tchi... Aco vaï ? - E vous maï ?
Entrez vite, qu'il fait un froid de chien... ça va ? - Et vous aussi ?

Fichus et manteaux s'en vont par brassées, dans le *cabinet* attenant. L'Eva pose sur la table un paquet de café, enveloppé dans une page de l'hebdomadaire «La Terre». Alors c'est le lot de protestations habituelles :

Oh ! Chàïà rien adure ! Enfin merci bien. Anèn viste le faire !
Oh ! Il ne fallait rien apporter ! Enfin merci bien. On va vite le faire !

Et c'est un brouhaha de chaises raclant le sol, de sons aigus émergeant parmi les graves, de mots français cognant des mots patois. Puis bientôt tout s'apaise : il ne subsiste plus qu'un bruit de fond. Une bonne odeur de café envahit la pièce. Chacun a trouvé sa place.

Les tricots se déplient sous la lampe. De celui-ci, on admire la couleur de la laine. De celui-là, on explique les torsades compliquées. On s'exclame : C'est *affreux* ce que c'est joli !

Quant à la Mélie, elle est devenue sage et elle le dit : elle fait des chaussettes, toutes grises, toutes unies, car en veillée, on discute trop, on ne fait que *des chèvres* ! Autrement dit des fausses mailles, qui obligent à tout détricoter le lendemain.

Dans le grapillon des hommes, on approuve, on commente avec humour. Et la bonne humeur s'installe.

On parle de tout et de rien. Une idée entraîne une autre idée. Un sujet dérape sur un autre sujet.

La conversation bascule de la maladie de la petite Emilie -elle est maigre, *boseigne,* ça fait pitié !-, aux talons de la Marguerite un peu trop hauts et à sa robe un peu trop courte. Tel que je vous le dis, ma pauvre Eva : le Louisou en est resté planté là, au bord du chemin, comme une statue ! Y avait que ses yeux qui *peliounaient...*

On raconte que le père Untel en a *pris une bonne,* à la foire du jour de l'an, à Saint-Agrève, et qu'il a chanté toute la nuit. Que la Georgette *a fait panier.* Fallait s'y attendre : «Ils l'ont plus voulue. Elle n'avait pas l'habitude, la pauvre, de tenir une maison propre !». On y raconte aussi que le Mauriçou qui est de l'Assistance *tourne autour* de la Germaine -surtout ne le répétez pas, parce que si le père l'apprend...-. Sûr ça va faire du bruit : c'est qu'elle *n'est pas sans rien,* la Germaine ! Et, en plus, ils n'appartiennent pas à la même religion !...

Entre deux rires, la gazette du *pays* s'enjolive. Les évènements les plus insignifiants bondissent de l'un à l'autre, prennent du piquant, assaisonnés parfois au passage -c'est vrai, mais ce n'est jamais bien grave !- d'un brin de calomnie.

Mais ensemble, on partage aussi ses ennuis de santé, ses soucis du moment, et l'inquiétude du lendemain.

C'est tout cela la veillée. Avec parfois les châtaignes que l'on grille, fendues de la pointe d'un couteau. Juste un peu pour éviter qu'elles éclatent. On les installe sur la plaque de fonte du fourneau. On les fait rouler du bout des doigts -Aïe ! Aïe ! ça brûle !- pour qu'elles cuisent de toutes parts. Et quand on les déguste, dans leur odeur chaude qui a tout envahi, c'est un régal, avec un doigt de vin !

Personne n'a vu les heures s'échapper. Tout le monde est surpris qu'il soit si tard. On passe à table pour partager la saucisse et le bon pâté de campagne. Et puis bien sûr, avec le café, le gâteau de Savoie : «C'est dommage, il s'est un peu *aclaqui* ! Mais je pense qu'il sera bon quand même !».

Ou alors -mais le fait est plus rare- on sort du four la *douce*. La bonne *douce de chez nous,* à la farine de seigle, qui a cuit des heures durant, bien emprisonnée sous sa croûte dorée hermétique ! Elle manquait sans doute de fruits. Elle collait un peu au palais parfois, mais le goût à peine sûret en est resté pour toujours gravé dans mes papilles.

Qui veut découvrir cette saveur d'autrefois peut essayer la recette... Il se peut toutefois qu'il regrette, pour la cuisson, la chaleur si particulière des fours de fonte de nos vieux fourneaux à bois !

Moine ou mouïne : Bouillotte cylindrique en métal.

Passe-montagne : Cagoule en laine.

Affreux : Formidable, extraordinaire.

Peliouner : Battre des cils.

Faire panier : Quitter sa place, avant la fin d'un contrat

Aclaqui : Dégonflé.

LA DOUCE DE CHEZ NOUS

Je n'ai rencontré personne qui puisse de façon précise me donner la recette de la douce de mon enfance. Mais on m'a communiqué celle-ci, recopiée sur un journal «Réveil».

Si je me fie à ma mémoire, c'est bien ainsi qu'on préparait la douce de chez nous. Cependant l'on mettait moins de fruits.

> *Toutes ces dames doivent savoir faire une purée. On commence à préparer une purée de pommes de terre sans lait. On ajoute à cette purée, de la farine de seigle, du sucre et des fruits -pas n'importe lesquels-, des pommes aigrelettes et des poires que l'on appelle là-haut au pays «poires chapelon». Je vous donne des proportions approximatives, car c'est au flair. Pour quinze personnes, disons : 1 kg de pommes de terre bon poids, 3 à 400 g de farine (du seigle et pas du froment), 1 kg de sucre semoule bon poids aussi, de l'eau tiède (Il faut bien 2 litres d'eau tiède). Enfin, les fruits à volonté. Je les coupe en carreaux, en morceaux pas trop petits (pour que le morceau reste entier dans la préparation) après les avoir lavés et épépinés. La peau doit rester car c'est elle qui donne du goût à la douce. On mélange tout cela et on fait cuire au four, entre trois et quatre heures. Le four doit être à température moyenne, 150 à 200 degrés. Pour éviter que la préparation brûle, il faut parsemer de la farine dessus, ce qui forme la croûte dorée sous laquelle la douce cuit et mijote lentement. On sert dans l'assiette avec la louche. Les uns la préfèrent froide, d'autres chaude, mais je crois que la meilleure est la tiède.*

4

La tuaille

Ses cris ont déchiré l'air, renvoyés par les bois du Serre qui n'avaient aucune raison, vraiment, d'étouffer la nouvelle. Cela se savait de partout aux alentours, dans le *pays.* La date était connue. Manquait juste l'heure. Alors quand le dernier cri, déjà effiloché par l'approche de la mort -dernier baroud d'honneur de l'animal- a résonné, les voisins ont simplement dit : «Cette fois, ça y est, les Philit lui ont fait son affaire, à leur cochon !».

C'est que le cochon est essentiel à notre alimentation. Un morceau de bœuf de Pâques, après la foire des bœufs gras que l'on a promenés bien enrubannés, à Saint-Agrève. Quelques poules et un lapin parfois, quand on a de la visite. Et c'est tout pour la viande, si ce n'est le cochon.

Dans le cochon, c'est bien connu, tout est bon. Chaque jour, un morceau de lard cuit dans la soupe. Et puis, il y a les côtelettes sortant du saloir. Les morceaux de tête avec la langue : délicieuse la langue, avec une vinaigrette ! Les oreilles, le museau. Les *arpillous,* ce sont les pieds tout simplement. Et puis le filet, toujours par petites quantités, bien sûr : c'est le morceau de choix. Et toute la charcuterie traditionnelle. A ne plus s'y retrouver parfois : saucissons, saucisses, saucisses de couenne, jésus, jambons, jambonnettes, poule et perdrix, gratons et pâtés en terrines ou en pots stérilisés, caillettes et j'en passe.

Aussi on l'a particulièrement soigné depuis sa naissance, le cochon ! Bichonné, nourri avec soin.

Plus d'une fois, au retour des foires, on l'a comparé, lui le bon gros, aux oreilles longues et tombantes, avec ces cochons aux oreilles courtes et dressées, ces cochons -anglais, paraît-il ! Allons bon !- Une nouvelle race qui commence à apparaître sur les marchés. Bien sûr c'est à lui qu'on a toujours donné la préférence. Ils peuvent venir se mesurer, les autres : sa viande n'aura pas sa pareille, on vous le dit !

Souvent, on a évalué son poids. Tenez, hier encore, avec le Père Moulin, -et il s'y connaît, le Père Moulin !- : trois quintaux au moins... Peut-être même... Il faut que je vous mette en garde : le quintal, chez nous c'était cinquante kilos et non cent. D'où cela venait-il ? Je n'ai pas éclairci le mystère quand il en était encore temps ! Je ne le saurai sans doute jamais.

Maintenant les gestes de la *tuaille* vont commencer. Ces gestes qui ne veulent pas disparaître. Encore aujourd'hui, dans les fermes qui restent, on les retrouve presque identiques. Pratiqués dans la même ambiance, de fête et de joie... *La tuaille* a toujours été une occasion de vivre la rencontre dans la chaleur. La chaleur des cœurs, je veux dire, car dehors il gèle souvent très fort.

La date n'a pas été choisie tout à fait au hasard... On a parlé de lune, c'est le dernier quartier. On vit une période de temps froid et sec qui doit continuer, d'après *les tempoures.* On a toutes les raisons d'espérer que la viande se conservera bien...

On a tourné longuement la manette de la petite meule à aiguiser. Le Firmin en est sûr, couteaux, hachoirs, lames coupent comme du verre. Parents et amis ont été prévenus. Le Père Chaudier en premier : c'est lui le *sanaïre.* Il est arrivé de bonne heure, son grand coutelas enroulé dans un vieux torchon et le fusil pour l'affûter, encore un petit coup, juste avant... Quelques hommes n'ont pas tardé après lui : il faut bien être quatre ou cinq pour maîtriser l'animal.

Ensemble, ils ont examiné la situation : les cordes, le char sur lequel on couchera le cochon, le côté d'où on inclinera la tête. Il fait un froid qui *mique :* ils en ont la goutte au nez. Vite, un café et une bonne petite *goutte* pour se réchauffer. Non, non, pas de verre... Dans la tasse du café, c'est là qu'elle est meilleure !

Se saisir du cochon

Puis tout a vraiment commencé. On a conduit l'animal dehors en tapant sur ses grosses fesses tremblantes de graisse, que chacun voyait déjà jambons. Et le voilà le moment de lutte entre les hommes et l'animal ! Lui grogne, se débat, hurle. Eux gesticulent, crient pour que la communication passe malgré tout. On le ligote avec des cordes. On le pousse. On le tire. On le soulève.

Le dénouement est toujours le même : le voilà, perdant, solidement arrimé à la charrette. On lui tient la tête... et c'est fait... Un simple paysan, le Père Chaudier... Mais un bon *sanaïre* ! C'est qu'il en sacrifie des cochons, tout au long de l'hiver -dans presque toutes les fermes, on en tue deux, un au début de l'hiver, l'autre en février- : alors, pensez donc !.

Un seul coup de coutelas : «*Pilhart* ! On peut le dire, il n'a pas souffert, celui-là !». Un dernier soubresaut. Le sang continue à gicler dans le seau placé juste en dessous. L'Eva l'agite avec sa louche, le brasse encore et encore, pour éviter la coagulation.

Le saigner

On souffle un peu. On commente avec humour : «Le Père Guilhot a failli partir *tchambàs iverses*. Un coup de *moure* un peu plus fort, et c'en était fini de sa *tuaille* ! A l'hôpital, il allait. Ah ! il a mal *capité* son affaire, le cochon !... Et la Irène ? On l'a pas vue. Elle aime pas voir ça ! Elle aurait pu tenir la queue, au moins ! Elle sait peut-être pas... Mais le sang sort de l'autre côté !». Et on rit de bon cœur.

Il est là, maintenant, le cochon, étendu sur un mince lit de paille. La toilette, la longue toilette du mort commence. Tout d'abord il faut le *busclier*. On dépose sur son corps des poignées de paille -pas trop grosses !- Attention ! On se méfie du coup de chaud qui ferait gâter la viande. Une allumette ! Et flammes et soies crépitent de concert. La fumée, marquée par l'odeur si particulière des poils grillés, envahit la cour. On frotte sa couenne avec des bouchons de paille bien serrés. Puis arrivent les seaux d'eau chaude. On le lave, on le frotte à la brosse en chiendent, on le racle au couteau si nécessaire... Et on n'oublie pas de l'admirer encore une fois.

Puis le voilà basculé sur une grosse toile propre. On l'emmène à l'intérieur, à la cavette. On sera mieux pour l'ouvrir ! En traversant la cuisine, chacun frotte un peu ses mains l'une contre l'autre, devant la flamme -histoire de se réchauffer-. Une petite rasade de rouge et on se sent tout à fait bien...

Le «busclier» : griller les poils

Le dépeçage peut commencer. Une longue estafilade, tout au long du ventre, et le Père Chaudier extrait tripes et boyaux. Les deux poumons, la vessie que l'on gonfle -elle pendra au plafond, remplie de graisse-. Le cœur, le foie. Puis le cochon est découpé en jambons, en immenses pans de lard, que l'on suspend sous les solives. Demain, les saucissons, à leur tour, viendront les rejoindre. L'endroit est idéal pour un bon séchage...

Les femmes déjà s'affairent autour des boyaux. Bientôt, plantées dans la neige, elles vont entreprendre leur lavage, long et délicat. Dans la paume d'une main, elles tiennent bien serré un des bouts de ces longs tuyaux gluants et mous. De l'autre main, avec deux doigts largement écartés, elles tiennent béante l'autre extrémité... Les porteuses d'eau vident leurs cruches. Alors le boyau s'enfle. Les deux mains qui le tiennent s'agitent. Les gargouillis de l'eau, légers puis soutenus, accompagnent les conversations. Et c'est alors que soudain l'une des mains s'éloigne du corps et s'ouvre... L'intestin, dans un grand jet, vomit au loin son contenu. Et tout recommence... Une fois, deux fois, trois fois... Jusqu'à ce que l'eau rejetée sorte limpide comme celle de la source ; alors les femmes retournent l'intestin comme on retourne un bas. Et l'eau coule encore et toujours. Les sabots pataugent dans la neige souillée. Les bas de laine sont éclaboussés d'eau glaciale. On sent le besoin de *bouffer* un coup dans ses mains pour les réchauffer.

Bientôt la récompense est là. Sur un immense drap de toile grossière, de beaux cercles concentriques de boyaux gonflés de sang. Prêts à cuire. Tout à côté, la grande chaudière en fonte où l'on prépare habituellement le *manger des cochons*. Un bon feu crépite sous le chaudron rempli d'eau. «Elle bout !» dit quelqu'un. Alors deux des femmes hissent le chargement au-dessus de la grande marmite. La vapeur le prend dans son nuage quelques secondes -le temps pour les femmes d'arriver à bien le centrer-. Plouf ! C'est fait ! Le drap et ses boudins ont été immergés. Le lourd couvercle se rabat pour coincer les quatre coins du drap !

Laver les boyaux

La surveillance commence, précise... Un bon boudin doit être cuit, mais point trop... L'aiguille est une aide précieuse. Un coup d'aiguille, et le sang perle. Piqûre sans effet ?... Attention, il faut agir !

Aussitôt les hommes arrivent. L'un d'eux tâte le boudin de la pointe de son couteau : «ça va !»... Rien ne vaut un avis masculin, c'est bien connu ! On retire le drap chargé. Ensemble, on coupe quelques rondelles de ce boudin chaud pour le savourer fumant. On commente son goût, on se brûle un peu les doigts en ôtant la pelure. On rit... C'est tout cela la tuaille.

Avec, en plus, un bon repas que l'on va partager avant de se séparer. Les pommes de terre rissolent déjà dans la graisse de la poële, avec divers ingrédients : un peu de poumon, quelques morceaux de foie, un peu de rein... Soudain, un grésillement plus soutenu ! L'odeur chaude de la *fricassée* emplit la maison. L'Eva vient d'ajouter le boudin... Les viandes mijotent... On pèle les oranges pour la traditionnelle salade de fruits.

Suspendre la tête qui vient d'être tranchée

La table est en fête. L'Eva a mis une belle toile cirée. Elle a sorti les assiettes des vaisseliers. La bouteille de vin circule. Tout le monde prend son temps : on est si bien ensemble. Mais il se fait tard. On enfile manteaux et passe-montagne : dehors la bise s'est remise à siffler. «Allez, au revoir. Ce sera bientôt le tour du nôtre. A la revanche !». Et l'on emporte, bien enveloppée dans un torchon à carreaux rouges, l'assiette de la tuaille pour faire la *fricassée*, le lendemain : un cercle de boudin, avec en son centre, une petite panne de graisse, et -vous le savez maintenant- un peu de foie, de rein, de cœur. Une bonne saucisse ou un morceau de filet chapeaute le tout : «Faut bien que vous les goûtiez aussi !» a dit l'Eva.

C'est la *tuaille :* avec plaisir elle partage. A son tour, au cours de l'hiver, à divers moments, elle recevra de bonnes fricassées. Et chaque fois, ce sera un peu la fête, pour toute la famille...

Tuaille : Journée de fête où l'on tue le cochon.

Bouffer : Souffler.

Capiter : Calculer. Bien capiter, c'est réussir.

Un froid qui mique : Nous dirions qui «pèle».

Moure : museau.

Pilhart ! : Juron bien personnel au Père Chaudier.

Goutte : Gnôle.

Sanaïre : Celui qui saigne le cochon.

Tchambàs iverses : Jambes en l'air.

Les tempoures : Les six jours de fin d'année et les six jours de l'année suivante qui doivent, en principe, préfigurer le temps des douze mois de l'année.

GRATTEZ SOUS L'ECORCE LE CŒUR EST TENDRE

1

Peu importe les mots, pourvu qu'on aime

L'Eva et le Firmin n'ont pas pour habitude d'extérioriser leurs sentiments. Le Firmin surtout. Sans doute ne se penche-t-il pas sur mon berceau autant que le ferait un père d'aujourd'hui. En multipliant les gestes tendres et en m'arrrosant de petits mots gentils. Dans les relations avec ses filles, il garde toujours une sorte de distance : telle est la tradition de nos campagnes. Mais l'affection est là. Je la surprends, débordante, dans le doux regard gris bleu qu'il pose sur moi. Je l'entends résonner dans ces simples mots, si souvent répétés : «C'est notre *petitoune,* c'est notre *rabusou* !». Le *rabusou,* c'est ce plus petit, ce plus fragile, qui demande tant de soins dans toute portée, chez les animaux !

En hiver, alors que la soupe du soir est avalée et que les bols fleuris sont empilés dans la bassine de fer blanc, il m'attire parfois à lui. Il me fait alors sauter sur ses genoux en marmonnant :

«A cheval sur mon bidet,
Quand il trotte il fait des pets... Pt, pt, pt..».

Au rythme de la mélodie, qui se répète et peu à peu se débride, je décolle de plus en plus haut. Je trotte, je galope, avant de revenir au pas. Je suis aux anges.

Il est fier de moi quand l'école marche bien. Je le sens, au son de sa voix, lorsqu'il dit : «On n'a pas besoin de la pousser, ça vient tout seul ! Elle apprend ce qu'elle veut !» .

Je suis une petite fille aimée. Peu importe si l'on ne sait pas très bien vivre la tendresse en gestes et encore moins manier les mots pour la dire... Ici, entre hommes, on a un peu trop l'habitude de parler des sentiments en blaguant. Un proverbe ironique par ci, une expression un peu grivoise par là. Et c'est l'éclat de rire des autres. Alors, vous comprenez, on préfère ne pas trop les étaler !

Mais, même s'il ne dit rien, le Firmin n'en pense pas moins. Il a bien compris l'autre matin que, avec la neige, les gros problèmes allaient commencer... Il ne serait pas facile pour la « petite », de suivre régulièrement sa classe de 6e. Il a vu qu'elle avait trop de neige à *gazer* -à fouler-, pour aller prendre le car qui la conduit au Chambon. C'est qu'il faut descendre, à travers bois et champs, vers «la Combe Noire», vers «le Tracoulet», jusqu'à la grand route... Là-bas où passe le car Saint-Agrève Saint-Etienne... C'est loin.

Elle s'enfonçait jusqu'à mi-cuisse, dans les grosses congères. Sa petite pèlerine balayait la neige. Elle n'en pouvait plus. Et pourtant, bien sûr, c'est lui qui ouvrait le passage et qui portait le cartable. Ils avaient mis beaucoup de temps pour arriver. Un moment, il avait même cru qu'elle allait manquer son car.

Aussi, ce matin, un drôle d'attelage descend le chemin, en direction de la voie ferrée. C'est qui ? Il va où ? Les voisins s'en poseraient des questions, s'il pouvait le voir de loin. Mais aujourd'hui le temps est *à la neige*. Le ciel est bas. On ne distingue rien de net à dix pas. Chacun s'est enfermé chez soi, bien au chaud. Il n'y a personne dehors. Seul dans la neige, le Firmin tire avec sa *bouèïre* une grosse souche d'arbre...

C'est qu'après avoir réfléchi, il n'a vu qu'une seule solution. Il fallait faire une trace, une vraie, avant chaque départ et chaque retour de la petite. Oui, mais comment ? Il a pensé aux souches ramenées du bois, pour les fendre en hiver. Il les a examinées plusieurs fois, en silence. Puis il s'est décidé. Il en a choisi une, assez chevelue... Pas trop cependant. Il a raccourci les racines les plus longues. Il l'a munie d'une chaîne qu'il a soigneusement enchevêtrée parmi ces dernières. Il a accroché la chaîne au timon. Et le voilà, par champs et chemins, avec son attelage cahotique... En attendant mieux...

Plus tard, il a griffonné sur un bout de papier, ce «mieux» qui surgissait peu à peu de son imagination. Une sorte de petite étrave triangulaire, toute en planches. Chargée, sur le dessus, de grosses pierres, pour une bonne adhérence. Et il a scié et il a cloué. Puis un jour, on a tous admiré.

Et ainsi, cinq hivers durant, sans jamais rechigner, à chaque chute de neige, à chaque coup de *burle,* il fera, avec son engin, l'aller et retour une première fois, de jour -c'est mieux pour les vaches !-, pour ouvrir la route à sa fille. Il le refera une deuxième fois, le moment venu, pour l'accompagner ou aller l'attendre. Et cela, tous les lundis matin, mercredis soir, vendredis matin, samedis soir. Toujours de nuit, le car partant avant sept heures, le matin, et revenant après sept heures le soir.

Un papa aimant ne plaint jamais sa peine pour son enfant !

2

Les voisins, une famille

Dans de nombreuses campagnes de France, l'on se désigne, entre voisins, par des surnoms. Chez nous cet usage n'est pas très répandu. L'on dit le plus souvent, simplement «le père» ou «la mère». C'est ainsi qu'il y a le père et la mère Moulin, le père et la mère Ferrier, le père Cachard qui n'a jamais eu d'enfant, mais cela est sans importance. Sa femme, par contre, c'est «La Cacharde» pour tout le monde. Et «la Léonie» pour quelques proches voisins. Il y a «l'Arthur de chez Grand» -pourquoi pas l'Arthur Grand puisque Grand est son nom ? Allez donc savoir !-. Sa femme, «la Céphise de chez Grand» est toujours en vie, et c'est toujours ainsi que je la désigne. Il y a la Marie Picq et le père Picq, la «Vasthie des Fourches», «l'Estroupio», son mari mutilé, et le «Poulou» son fils, «Polytou» -un de ses ancêtres s'appelait sans doute Hippolyte- et la «Polytoune». Il y a «les petites Ferrier», «les petites Moulin» et «les petites Philit du Chazal», sœurs d'âge voisin. Il y a «les Aulagner de Piches», c'est-à-dire «la Mimi», son mari «le père Aulagner», «le Raymond» son fils et «le Lisou» sa sœur. Il y a aussi «la Nancy des chèvres» qui habite dans une masure, les «Eyraud le marchand de vaches», les «Bachassou» : un de leurs ancêtres fabriquait des auges pour les cochons, autrement dit *des bachassous*.

A l'évocation de ces noms, les voilà tous ces gens de la terre. Ils sont là, devant moi, accourus à l'appel de ma mémoire. Ils vivent dans des fermes éparpillées. Ils vous parlent souvent de leur indépendance et du bonheur de pouvoir vivre chacun chez soi. Pour l'étranger de passage, ils ne forment même pas un village...

Cependant pour moi, c'est presque une famille.

Ils sont unis par les mêmes soucis, par les mêmes craintes. Ils sont prêts à s'entr'aider de façon quasi permanente. Il faut se *donner la main* pour les gros travaux, certes. Mais aussi dans la vie de tous les jours. Le veau qu'il faut tirer, parce que l'accouchement est difficile. La vache qui s'est éloignée du troupeau et qui s'est embourbée jusqu'au ventre. Les *bouèïres* à ferrer -il faut bien s'y mettre à trois ou quatre-, le veau, le chevreau, le cochon à conduire au marché, celui qui a un cheval et une carriole est alors d'un grand secours.

«Il faut aller le dire au Père Moulin... ou au Père Ferrier...», dit simplement le Firmin. Le dire, ça suffit ! On sait que l'appel sera entendu...

Les rencontres sont multiples. Il y a la vache que l'on mène au taureau, chez un tel. La chèvre au bouc, chez tel autre. La lapine que l'on porte chez une autre voisine -j'ai dit « voisine » : l'élevage des lapins est une simple histoire de femmes !- qui a un si beau lapin mâle !... Et chaque fois, on boit ensemble le verre de rouge ou le café de l'amitié.

Peines et joies se partagent aussi. Un mariage ? Aussitôt c'est le complot : il faut arrêter le cortège. Ici, on installe une table, en plein milieu du chemin avec verres et bouteilles et petits gâteaux en prime. Comme prévu, la noce s'arrête... On boit un verre ensemble, parmi les rires et les «vive la mariée» que répercute l'écho. Là, c'est la *cluasse* de paille enflammée qui barre la route du bonheur. Vous n'avez pas le choix : il faut sauter, mademoiselle, au-dessus de la botte en flammes, avant de sauter le pas qui, dans un instant, vous fera madame ! Et ensemble l'on trinque à nouveau... Et l'on n'oublie pas de déposer, dans le chapeau d'un convive passé de mains en mains, une pièce ou un petit billet en remerciement.

Le soir venu, pendant le festin des noces, les coups de fusil résonnent à l'entour de la maison. Allez nouveaux beaux-pères, sortez dans la nuit, courez inviter les tireurs ! C'est en l'honneur de vos enfants qu'ils sont venus. J'ai eu la joie de connaître cette ambiance, lors de mon mariage : quatre arrêts obligés pour aller des Garnes à la mairie du Chambon, plus la pétarade du soir. Une façon de me dire que j'étais encore des leurs...

Dans les deuils aussi, ils sont tous là. Maladroits, les bras ballants, sans mots parfois, accourus pour faire leur dernière visite au défunt, avant la mise en bière. Pour une fois, les hommes ont la casquette à la main -la plupart ne se découvrent qu'au temple et devant les morts-... Quelques uns d'entre eux, les plus proches, sont encore là pour creuser la fosse... Et le jour de l'enterrement, on les retrouve tous pour «la levée de corps», si importante symboliquement.

Debout, devant le cercueil posé sur deux chaises dans la cuisine, ils saluent une dernière fois le corps. Ce corps avec lequel, en ces lieux mêmes, ils ont partagé tant de moments de labeur, de joie, de tristesse. Jusqu'au cimetière, tous, ils vont l'accompagner... Et sur le cercueil, ils jetteront la pincée de terre de l'adieu...

Une telle proximité, une telle intimité donnent aussi, sans doute, quelques droits. Celui de donner son avis sans y être invité, de critiquer parfois sans ménagement. Des réputations sont vite bâties ! Aussi chacun craint le jugement de l'autre. Mieux vaut être dans la norme : bien tenir sa maison, avoir du linge bien blanc sur le fil. Une cuisine mal balayée, du linge *acouïri* ? Que dirait *le monde* ? L'Eva vous le confirmerait : mieux vaut ne jamais *faire parler de soi...*

Est-ce à dire que l'on se sent responsables les uns des autres ? Non, sans doute. Et pourtant... nos campagnes si pauvres ont toujours ignoré ce qu'est un exclu !

Regardez ce vieil homme dans la cour des Garnes. Lentement, il appuie son vieux vélo contre la grille du jardinet de fleurs. Il se baisse pour ôter la pince à linge qui maintient le bas de ses *brayes*, serré autour de ses chevilles. Il détache du porte-bagage brinquebalant sa petite caisse. Tout cela, à sa vitesse : lentement, lentement. Il traîne alors à l'intérieur de la cuisine, son pauvre corps noueux, tassé sous sa vieille casquette sale. Ce corps qu'écrase encore un peu plus, sur la droite, la charge du coffre à outils.

Il est attendu. L'Eva a empilé là, sur le coin de la petite table, quelques assiettes ébréchées, quelques plats gravement fendus, deux moitiés d'une même tasse et quelques récipients percés. Tout est prêt pour les réparations diverses du Père Corbier.

Que lui est-il arrivé, à ce pauvre homme ?

D'habitude le qualificatif de *pauvre* est réservé aux disparus. Mort, on devient quasi automatiquement *pauvre*. On dit «si ton *pauvre* grand-père te voyait, si son *pauvre* mari revenait !»... Ou bien alors lorqu'un malheur frappe d'un coup. L'Adeline a perdu son mari : «Aïe, la pauvre !».

Mais lui, a toujours été le «pauvre» Père Corbier, pour tout le monde. Il faut dire qu'il a un handicap gênant : d'un coup, sa tête s'incline sur l'avant, légèrement de côté et son esprit s'envole ailleurs. S'est-il endormi ? Non, il a déjà repris contact avec la réalité... pour hélas repartir bientôt. On dirait qu'il navigue sans cesse entre deux mondes. Une maladie grave, peut-être. Ou bien la guerre. Certains disent qu'il a été gazé à Verdun. Je n'ai jamais eu de précisions.

Il s'en va d'une maison à l'autre pour faire des soudures, rafistoler avec des agrafes, les plats de faïence. Il est nourri à midi et, en paiement de son travail, il emporte quelques œufs, quelques picodons de chèvre, un peu de beurre.

Il déballe son *fourbi* sur le plancher de la cuisine et se met au travail.

Les longues années qui se sont écoulées depuis mes rencontres avec lui m'ont volé les images de la pose des agrafes dans nos saladiers et nos tasses. Je regrette qu'elles ne m'aient laissé que l'image finale, celle du résultat.

Je le vois cramponnant ses deux mains sur les bords du plat rafistolé. Il fait glisser ses deux pouces en direction de la fente et il appuie. On dirait qu'il va le plier en deux. Eh bien non ! L'objet résiste, il repart pour une nouvelle vie. Seules les deux agrafes rappelleront à jamais son accident de parcours.

Il pose maintenant une barre de métal dans les braises et il s'active autour du trou d'une seille en fer blanc. L'Eva avait réparé celle-ci, à sa manière, en attendant. Avec son matériau de base : *la pegole*. *La pegole*, c'est une simple extrémité de rameau de pin, portant sur sa tige un petit amoncellement de résine. Elle a été cueillie telle quelle dans les bois.

L'Eva en a toujours une provision, sur la petite étagère, près de la cheminée. Dès qu'une seille perd, elle court vers sa réserve, en saisit une, éclaire une bougie, dirige la flamme vers la petite excroissance. Et cette dernière ramollit et ne tarde pas à fondre. Les précieuses larmes de résine se détachent l'une après l'autre et s'aplatissent avec un léger crépitement juste au-dessous, sur le trou du récipient.

Il suffit de laisser refroidir et le trou est bouché -pour l'instant, tout au moins !-.

Le Père Corbier, lui, va faire du définitif... ou presque ! Le corps plié en deux devant le foyer rougeoyant, il vient de glisser, bien profond parmi les braises, le fer qui lentement vire au rouge. Il s'affaire à frotter, à la toile émeri ou au papier-verre, tout autour du trou... encore et encore. Le métal crisse, gémit. Avec l'extrémité d'une plume de poule trempée dans un vieux flacon noirci -un acide sans doute-, il badigeonne le contour de l'orifice, pour peaufiner le nettoyage. Une forte odeur -je crois que je la reconnaîtrais entre mille encore aujourd'hui- envahit la pièce. Les yeux me piquent, la gorge gratte un peu. Impassible, le père Corbier continue. Il retire avec précaution le fer rouge, saisit le bâton d'étain de l'autre main. Il les approche tous deux au bord du trou : leurs extrémités se côtoient... Puis ses deux mains, ensemble, s'élèvent à peine : juste au-dessus... C'est fait : il a créé la rencontre ! Un grésillement ! Une fumée ! Une odeur chaude, plutôt agréable, qui fait oublier la précédente... Et le trou s'amenuise. Et le bâton d'étain raccourcit, comme s'il s'envolait avec la fumée. Tout cela, sous les mains noueuses du vieil homme...

Pour moi, il a un certain prestige le Père Corbier : il est un peu magicien, à mes yeux d'enfant !

Se donner la main : Se prêter main forte.

Cluasse : Botte de paille. Décorée on non, on la dressait sur la route des mariés et on l'enflammait à leur passage.

Acouïri : D'un blanc douteux.

3

Grand'mère Sophie

Elle monte, encore une fois, l'escalier accroché au pignon de la ferme. C'est la septième fois de la journée, la huitième peut-être, peu importe d'ailleurs. A-t-on idée de compter les multiples incursions qu'elle fait en bas : c'est chez ses enfants qu'elle va ! Il lui faut bien rendre compte de ce qu'elle remarque -de son balcon, on voit mieux !-, des intentions qu'elle a -c'est qu'elle en a des projets tout de même !-. Et elle s'en retourne vers son petit chez soi.

A chacune des marches, ses sabots ferrés sonnent clair sur la pierre. Son long cotillon noir, aux innombrables plis que contient sur le devant un petit tablier noir, ondule généreusement sur l'arrière, entre les deux pans du tablier. Et à chaque balancement, il en profite pour caresser un peu le nez du sabot verni.

Arrivée sur le palier, comme d'habitude elle s'arrête quelques instants, histoire de laisser traîner son regard sur les *balayes* et les champs jusqu'à la route... Cette fois, celui-ci s'est arrêté sur la terre des voisins. Un tombereau dételé, une charrue traçant son sillon, un corps plié en deux avançant le long de la raie : il n'y a pas de doute, les Bertrand ont commencé de *faire leurs pommes de terre* !

Elle remarque que la voix du père Bertrand résonnant dans les airs pour encourager sa *boueïre* ne l'a pas alertée tout à l'heure. Elle trouve cela étonnant, d'autant plus que maintenant, elle perçoit celle-ci clairement : «*Na-Blan, anènt, zou*». Peut-être bien qu'elle devient un peu dure d'oreille. Enfin, on ne peut pas avoir toujours vingt ans ! Elle se sent encore très alerte : «Faut être reconnaissante !». Et puis ses yeux vont très bien. Justement... une, deux, trois, quatre, cinq... une, deux, trois, quatre, cinq... Elle a beau compter et recompter les vaches des Bertrand : il en manque une. Ah, bien sûr ! C'est celle qui était à terme : elle a dû faire le veau, cette nuit. Elle dira tout cela «aux petits», en bas, tout à l'heure, à sa prochaine visite.

Elle est restée mince la grand'mère Sophie, droite comme un i, malgré les durs travaux qui ont plié son corps vers la terre, tout au long de sa vie. Son visage tout menu est d'une extrême mobilité. Les rides qui l'ont creusé ne lui ont fait perdre ni finesse, ni régularité. Ses cheveux ont blanchi et se sont clairsemés, mais seuls, ses proches peuvent le savoir : elle ne les offre pas aux regards des gens. Elle les tire sur la nuque et les tord serrés en un minuscule chignon, que tient une seule pince. Puis elle enserre aussitôt sa tête dans un petit fichu en dentelle noire. C'est qu'en arrivant aux

Garnes, elle a fait -sans en avoir conscience, sans doute- une première concession au modernisme ! Elle a abandonné la coiffe blanche amidonnée, et cela même le dimanche. Il ne me reste d'elle avec cette coiffure immaculée que quelques photos ratées !

Dans ma mémoire, le visage de la grand'mère Sophie est donc à tout jamais encadré d'un petit fichu noir noué sous le menton.

Grand'mère en fichu noir avec sa petite-fille

Elle ne touche aucune retraite, aucune pension, aucune rente... Rien... Elle a des pommes de terre, c'est l'essentiel. Dès la fin de la récolte, ses enfants lui montent sa provision. Elle prend quelques légumes dans leur jardin, histoire d'agrémenter sa soupe. Je lui porte du beurre frais, dès qu'il sort de la baratte. Et puis, elle mange avec nous chaque fois qu'elle apporte son aide, pour un quelconque travail. «*L'on mandjo ou l'on trabaillo* ! dit-elle, c'est de règle !». Mais les autres jours, il n'en est pas question : «Faut *se garer du pas*, les vieux ne doivent pas *empëïter* !». A la période des *tuailles,* elle reçoit, de chaque voisin, un petit boudin, une saucisse ou un petit morceau de filet de porc. Et chaque fois que ses doigts noués par les rhumatismes écartent les quatre pans du torchon à carreaux rouges, découvrant le présent sur son assiette, c'est comme une fête. Elle rend de menus services de ravaudage et de tricot autour d'elle et ramène en récompense de bons picodons frais, des œufs.

Grand'mère en coiffe

Pour ses confitures, elle cueille myrtilles et *chabrettes* ; non, vous ne vous trompez pas, *chabre* signifie bien «chèvre», mais... une *chabrette* est une mûre, allez donc savoir pourquoi ! Encore une facétie de notre patois. Elle récolte les tisanes si utiles pour notre santé ou notre plaisir.

Elle n'a pas grand chose, la Sophie, c'est vrai ! Une petite boîte en fer blanc contient toutes ses économies : quelques billets de banque et quelques bons du trésor pour *se voir venir*. A chaque automne et à chaque printemps, elle la réapprovisionne un peu, en vendant ses bolets séchés. C'est là, depuis des années, sa seule rentrée d'argent.

Mais elle est pleine de vitalité. A la saison des foins, elle râtelle comme les autres. Elle manipule le *puar* pour l'arrachage des pommes de terre et quelle agilité pour les ramasser dans la terre humide et froide. J'ai beau écouter dans ma mémoire, je ne perçois aucun soupir particulier, alors qu'elle transporte son panier plein à ras bord. Seul résonne le «han !», le même dans toutes les bouches, au moment où le panier est hissé sur les grands sacs de jute dressés dans le champ.

Elle participe aussi à la corvée du sarclage des *pestenailles*. *Pestenaille* est un mot que vous devez ajouter à votre vocabulaire, si vous désirez éviter un contresens sur le plateau, même aujourd'hui où le patois n'est plus guère parlé. Les *pestenailles,* ce sont les vraies carottes, car -suivez moi bien- les *carottes,* là-haut chez nous, sont les betteraves rouges.

De nos jours, une pulvérisation de désherbant sélectif, et le tour est joué, les *pestenailles* sont sarclées. Mais à l'époque, c'est un long travail de patience qui dure des semaines. Agenouillées sur le sol du carré de carottes, l'Eva, sa mère et ses filles, femmes de trois générations différentes, se retrouvent, armées d'une vieille fourchette en fer blanc. Elles piquent délicatement la croûte du sol, autour des frêles racines. Toutes les pousses naissantes sont ainsi ensemble déstabilisées, les bonnes et les mauvaises, sans distinction.

La terre se soulève un tant soi peu, se craquèle... Des doigts avancent, sans aucun mouvement brusque. Et les voilà qui enlèvent, une par une, les indésirables, épargnant les minces tiges frisées des carottes. Quelques-unes, malgré toutes les précautions prises, je le vois bien, y laissent leur vie ! Aussi, lorsqu'à l'école du jeudi, le pasteur nous lit la parabole du bon grain et de l'ivraie, une scène de sarclage s'impose à moi, nimbée d'une douce lumière. J'ai dans ma tête, mon tableau «les sarcleuses», un peu comme Millet avait ses glaneuses. Je me sens alors pleinement d'accord avec la Bible. Il doit en être des gens comme des plantes, bons ou mauvais, nous avons sûrement besoin les uns des autres pour grandir. Vouloir isoler les bons en pensant qu'ils pourront ainsi s'épanouir davantage, n'est peut-être pas la bonne solution. Comme les carottes, on risquerait d'y perdre ! Le pasteur a raison, mieux vaut ne pas se substituer à Dieu pour faire le tri ! Lui verra plus tard !

Mais le moment où la Sophie donne toute sa mesure, c'est au printemps, pour *couper les pommes de terre* et préparer les *taillous* pour la plantation. Il n'y a pas sa pareille pour vous tirer d'un seul tubercule, trois, voire quatre morceaux, quatre *taillous* avec chacun son petit oeil bien vivant, prêt à développer, dans le secret de la terre, un beau et vigoureux plant.

Elle aide l'Eva, bien sûr, mais elle va aussi d'une ferme à l'autre, faire une *briga* à ses voisines. Agenouillée sur un vieux sac étalé sur le plancher de la grange, pendant des heures, elle taille. Son outil ? Un simple couteau de cuisine avec, à la base de la lame, un petit *petas*, savamment enroulé, pour protéger son doigt. Elle examine d'abord le tubercule attentivement, le fait pirouetter dans le creux de sa main. Elle décide alors, avec précision, de tous les trajets qu'elle va bientôt imposer à la lame... Et alors lentement, calmement, tel un chirurgien, elle opère. La lame crisse. Quelques gouttes de liquide perlent sur ses doigts noueux. Les précieux *taillous* s'amoncellent. Il ne reste bientôt plus, dans sa main, qu'une pauvre forme biscornue, sans aucune tenue et sans intérêt, qui demain cuira dans *l'oula* des cochons. Elle est heureuse : tout a été *profité* !

Et puis un soir, elle est partie la Sophie, comme elle avait vécu... Sans déranger... En quelques heures. On l'a revêtue de la robe qu'elle tenait prête, tout exprès pour ce jour, bien pliée, bien propre, sur une étagère de son placard. J'avais vingt ans.

Alors le regard fixé sur la porte close, en haut du balcon, je regrettais déjà le temps de nos promenades en quête de bolets, dans la rosée du matin. Nos cueillettes de myrtilles et surtout le son de sa voix : «Faut pas *jabrer* ma petite... On perd son temps à courir de ci de là... Et les autres qui passent après, tu y as pensé ?». *Jabrer,* vous l'avez compris, c'est grapiller, cueillir les plus grosses myrtilles, un peu partout, en ignorant les plus petites...

J'avais déjà, je crois, le pressentiment que l'heure venue pour l'Eva et le Firmin d'ouvrir cette porte afin d'y vivre leurs vieux jours, les habitudes auraient changé. Jusquelà, les parents âgés vivaient leur vie près de leurs enfants. L'on parlait peu de maison de retraite ou d'hospice... Si ce n'est pour ceux qui n'avaient pas de famille.

Et quand, voici quelques années, j'ai vu démolir un de ces escaliers, au pignon d'une ferme en cours de restauration, il m'est venu une grande envie de pleurer... Je regardais la bâtisse, toute belle, repartir pour un nouvel usage... Et je sentais tout doucement s'écrouler nos habitudes de vie...

Au pignon, l'escalier des «anciens»

Balayes : Pâturages où poussent des genêts.
Empèïter : Embarrasser, gêner.
Se garar daoù pa, se garer du pas : S'écarter du passage.
Briga : Aide apportée bénévolement.
Petas : Bout de tissu.

4

Quelques autres venus d'un peu plus loin

Il y a Marguerite et Janette. Il y a Francis. Et puis il y a aussi Lucien et Robert. Ils sont tous frères et sœurs. Une famille nombreuse vivant dans les fumées d'une ville ouvrière. Des enfants pour qui le mot «vacances» n'évoquait ni la mer avec ses vagues , ni la montagne et ses joies. Grâce à l'oeuvre du pasteur Comte, l'oeuvre des «Enfants à la montagne», ils vont connaître les champs, les cabrioles dans les prés, la chanson des ruisseaux.

Ils seront tous hébergés, pendant les vacances d'été, chez le Firmin et l'Eva. Pas tous à la fois, certes. Il aurait été impossible de les coucher !

Mais heureusement leurs âges s'échelonnent. Alors, c'est par deux ou trois, chaque été, que les «Petits Deyre» vont venir, pendant des années et des années. Lucien et Robert, les deux plus jeunes, seront mes compagnons de jeu. Ils font partie de la famille. D'un été à l'autre, on les attend. Et ils le savent bien. Ils n'oublieront jamais les étés chez le Firmin et l'Eva.

Ne cherchez pas : aux Garnes, il n'y a pas de chambres confortables pour dormir. Un lit-placard étroit pour le Firmin et l'Eva, une petite chambrette pour les deux filles et un vieux lit de bois, dans le débarras audessus de la cave. Et pourtant, les enfants qui y logent sont heureux.

Un adulte aussi y logea alors que j'étais une toute jeune enfant. Ma mémoire a complètement occulté ce moment, des années durant. Puis un soir, une image sur un écran, un peu d'émotion et voilà le souvenir ranimé...

Nous sommes en 1994.

Je sors du cinéma. Je marche parmi une foule émue et silencieuse. Tous ensemble, nous venons d'assister à la projection des «Armes de l'Esprit» de Pierre Sauvage. Un documentaire sur un moment inoubliable du passé de notre plateau. Le réalisateur avait tiré de bien mauvais numéros à la loterie «Hasard de naissance» : parents juifs, année 1944. On ne voulait de ses parents nulle part... (cela rappelle une autre histoire, vieille de deux mille ans !) Ici, à leur arrivée au Chambon, en automne 1943, on a oublié de les questionner. On les a simplement accueillis. Pierre Sauvage est né parmi nous. Il s'en souviendra toujours...

Au rythme de mes pas, des images et des sons repassent dans ma tête. Visages burinés, énigmatiques de vieux paysans, ressemblant comme des frères au Firmin et à l'Eva. Cris d'enfants juifs heureux de courir dans les prés. Voix assurées lançant avec force «La Cévenole» vers les voûtes du vieux Temple. Et, comme un avertissement, le sifflet lancinant du vieux tacot, dans le silence de la neige.

Mais soudain, tout s'est bloqué sur une image. Une femme feuillette un vieux carnet rempli de noms griffonnés. Sa voix énonce la liste de ces humbles gens des fermes écartées, inscrits pour héberger les juifs pourchassés. Litanie de noms égrenés au fil des pages... Parmi eux, mes parents. Sur mon siège, tout à l'heure, j'ai sursauté, bien sûr. Sans bien comprendre.

Mais là, dans la rue, juste à la hauteur de la grande horloge de la mairie, tout s'est éclairé.

Un mystérieux déclic, pareil à celui d'un ressort qui ébranle des figurines sur le socle d'une boîte à musique, a enclenché ma mémoire.

Deux hommes en sueur, tournent face à face à rythme lent, sur l'aire. Ils battent les épis. Les gerbes déliées, soigneusement rangées en cercle, épis rassemblés au centre, forment sur le plancher de la grange une couronne blonde. Un fléau frappe quand l'autre se lève, avec une régularité de métronome. Et les grains dansent parmi les pailles malmenées.

Un tour s'achève... D'un geste quasi semblable, ils épongent leur front ruisselant. Et l'un après l'autre, dans le même verre que leur tendent mes mains d'enfant, ils se désaltèrent, à la même eau, au même vin... Ensemble, ils reprennent leur souffle.

Moi je retourne la paille, par petites brassées, *la paillà*, comme on dit. Puis ils se remettent au travail.

Le Firmin a un compagnon, en cette dure année où les batteuses n'ont pas pu tourner, faute d'essence. C'est bien plus gai ! Frison, on l'appelle. Un drôle de nom, je le concède volontiers.

Dans la petite pièce, au-dessus de la cave, il y a son lit. Et dans un coin de la grange, j'ai découvert une petite caisse en bois avec ses vêtements. J'ai trouvé cela surprenant. Je ne sais si j'ai posé la question qui me brûlait les lèvres ou si j'ai trouvé cela inutile tant la réponse m'était évidente :

Nà pountchu à jamaï rien vaoupu
Nez pointu n'a jamais rien valu

Ne me demandez, ni combien il est resté, ni quand il est parti. Ma mémoire d'enfant ne sait pas ce qu'est le temps !

Une dame vient aussi, très souvent, nous rendre visite. Une dame de forte corpulence, avec un drôle d'accent. Elle vient chercher du beurre, des œufs et quelques autres victuailles. J'ai envie de rire, chaque fois qu'elle ouvre la bouche. Mais je me retiens, parce qu'on me gronderait. Et puis, elle m'impressionne un peu. Maman m'a tout expliqué : «Tu comprends, elle n'est pas française, c'est une allemande ! Il faut être gentille avec elle. Elle est toute seule, loin de chez elle !».

Moi, qui croyais que les Allemands étaient nos ennemis ! Pour le coup, tous mes repères se sont écroulés. Alors, je me suis tue... Je ne pouvais comprendre les adultes. Ils étaient décidément trop compliqués !

Du temps passa... Hélas ! un jour, l'idée vint à la pauvre dame, de m'inviter à manger avec elle. Hé oui, puisqu'elle habite tout près de mon école... Ce fut une catastrophe !

Aujourd'hui encore, en racontant ce moment, je perçois l'odeur du cèleri qu'elle a cuisiné. Ce légume, pour moi, inconnu jusque là. Une boule bloque ma gorge. Impossible d'avaler. L'après-midi, je vomis longuement. Jusqu'au dernier bout de céleri. Et aussi, sans doute, à chaque flot, un peu de mon angoisse et de mon désarroi. La nuance entre Allemands et juifs allemands avait complètement échappé à la petite fille de sept ans que j'étais. Que voulez-vous, ni le Firmin, ni l'Eva n'avaient jamais parlé des juifs devant moi. Je sais aujourd'hui que leur silence avait de bonnes excuses !

EPILOGUE

Ils ont pioché, ils ont biné, ils ont sarclé, tiré le lait, conduit les vaches au pré. Ils ont fait mille fois les gestes fatigants qui produisent le blé, qui conduisent au pain. Au prix de leur sueur. Comme des milliers d'autres, partout, dans nos campagnes.

Durant leur vie entière, aucun bruit de moteur ne dérangea les oiseaux dans leurs champs. Hormis la batteuse, une fois l'an. Seules sonnaient leurs voix harcelant l'attelage ou bien grondant les chiens, la pierre frottant la lame de la faux, le grincement des roues cahotant sur les pierres, les vaches hélant leurs veaux ... Et les rires autour des verres qui trinquaient...

Semblables à beaucoup d'autres... Et cependant, qui sait, peut-être un peu différents !

Sur ce plateau aride, battu par les vents de l'hiver, ils savaient plus que d'autres, la patience. Calfeutrés derrière leurs murs épais, ils passaient des jours et des jours, sous l'horloge impassible hachant le temps... Que dans les congères on leur ouvre un chemin. Qu'à nouveau s'allume l'ampoule, au-dessus de la table, après que le givre eut brisé bien des fils électriques.

Et dans le grand silence de la neige qui efface les bruits, ce silence oppressant qu'ils redoutaient parfois, ils avaient le temps de méditer.

Ils se savaient voyageurs sur la terre, simples passants, pour une courte vie. Leur bible le disait... mais apportait l'espoir : «L'herbe se dessèche ; la fleur se flétrit, quand le souffle de l'Eternel a passé sur elle. Oui, le peuple est comme cette herbe : l'herbe se dessèche, la fleur se flétrit ; mais la parole de notre Dieu demeure éternellement !» Esaïe 40 : 7-8.

Leur voyage est fini. Ils sont partis, emportant dans la tombe tous ces gestes d'antan que nous ne verrons plus. Des machines sont venues, simplifiant le travail... Et je ne sais pourquoi, leur image en moi s'est affirmée de plus en plus...

«Le souvenir est toujours au carrefour de la mémoire et de l'imagination». J'ai retenu cette phrase, lue je ne sais où. J'ose espérer que, dans ces quelques pages, c'est ma mémoire qui s'est taillé la plus belle part, car pour rien au monde, je ne voudrais les trahir.

SOMMAIRE

Crédit photos

Première de couverture :
photo montage . . . .Famille A. Sagnes et Jean-Marc Demars

Page 32 haut . . . . .Michel José
Page 35 haut . . . . .Michel José
Page 36 . . .Jean-Marc Demars
Page 37 . . . . .Michel José
Page 56 bas . . .Jean-Marc Demars
Page 60 . . . . .Michel José
Page 63 . . . . .Michel José
Page 65 bas . . .Jean-Marc Demars
Page 67 . . .Jean-Marc Demars
Page 69 . . . . .Michel José
Page 72 bas . . .Jean-Marc Demars
Page 74 . . .Francis Debaisieux
Page 75 . . .Francis Debaisieux
Page 76 . . .Jean-Marc Demars
Page 77 . . .Francis Debaisieux *
Page 83 . . .Jean-Marc Demars
Page 87 . . . . .Michel José
Page 89 . . . . .Michel José
Page 90 . . . . .Michel José
Page 92 . . .Francis Debaisieux
Page 103 . . . . .Michel José
Page 134 . . . . .Michel José
Page 135 . . . . .Michel José
Page 136 . . . . .Michel José
Page 156 . . .Jean-Marc Demars

** Remerciements au musée de l'Ancien Temps et des Travaux des Champs, Saint-Maurice-près-Pionsat (63), et à Alphonse Mathieu*

Que tous ceux qui nous ont encouragés par le prêt de cartes postales (Jean-Marc Demars, Michel José, Francis Debaisieux), photos ou documents (familles A. Sagnes, H. et M. Roche, R. Grandouiller) soient ici chaleureusement remerciés.

Ouvrages parus aux Editions Dolmazon

Le Cheylard d'hier et d'aujourd'hui - 1988 (épuisé)

Saint-Agrève d'hier et d'aujourd'hui - 1994 (149,00 F)*

Lamastre d'hier et d'aujourd'hui - 1995 (épuisé)

La Voulte-sur-Rhône d'hier et d'aujourd'hui - 1997 (épuisé)

Trains à vapeur et autorails en Ardèche et Haute-Loire

Histoire et anecdotes des chemins de fer départementaux (C.F.D.)

Tome I - *1998* (199,00 F)

Trains à vapeur et autorails en Ardèche et Haute-Loire

Les machines et les hommes des chemins de fer départementaux (C.F.D.)

Tome II - *2000* (199,00 F)

Guilherand-Granges - Histoires et anecdotes - 1998 (169,00 F)

Le Chambon-sur-Lignon d'hier et d'aujourd'hui - 1999 (149,00 F)

Yssingeaux d'hier et d'aujourd'hui - 2000 (149,00 F)

Ils étaient d'un autre temps (une famille de la terre aux confins de l'Ardèche et de la Haute-Loire) - 2001 (120,00 F)

Réédition enrichie A.Mazon (docteur Francus)

Histoire du Cheylard - 1987 (épuisé)

Notice sur Saint-Martin de Valamas - 1991(épuisé)

Notes historiques sur Tournon et ses Seigneurs - 1993 (169.00 F)

Voyage autour de Privas - 1996 (2 tomes - 289.00 F)

© Editions Dolmazon

20, rue de la République - 07160 LE CHEYLARD

Tél. 04 75 29 03 97 - Fax 04 75 29 44 41

* Ajouter 50 F pour frais d'envoi - Merci

Achevé d'imprimer sur les presses
des Impressions Modernes
07500 GUILHERAND-GRANGES

Dépot légal 2e trimestre 2000